Clic!

Livre de l'étudiant

Renewed Framework

Danièle Bourdais
Sue Finnie
Lol Briggs
Michael Spencer

3 Plus

OXFORD
UNIVERSITY PRESS

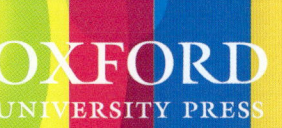

Oxford University Press

Great Clarendon Street, Oxford OX2 6DP

Oxford University Press is a department of the University of Oxford.
It furthers the University's objective of excellence in research,
scholarship, and education by publishing worldwide in

Oxford   New York

Auckland Cape Town Dar es Salaam Hong Kong Karachi Kuala Lumpur
Madrid Melbourne Mexico City Nairobi New Delhi Shanghai Taipei Toronto

With offices in

Argentina Austria Brazil Chile Czech Republic France Greece
Guatemala Hungary Italy Japan Poland Portugal Singapore South Korea
Switzerland Thailand Turkey Ukraine Vietnam

Oxford is a registered trade mark of Oxford University Press in the UK and in
certain other countries

© Danièle Bourdais, Lol Briggs, Sue Finnie and Michael Spencer 2010

The moral rights of the authors have been asserted

Database right Oxford University Press (maker)

First published 2010

All rights reserved. No part of this publication may be reproduced, stored in a
retrieval system, or transmitted, in any form or by any means, without the prior
permission in writing of Oxford University Press, or as expressly permitted by law, or
under terms agreed with the appropriate reprographics rights organization. Enquiries
concerning reproduction outside the scope of the above should be sent to the Rights
Department, Oxford University Press, at the address above

You must not circulate this book in any other binding or cover and you must
impose this same condition on any acquirer

British Library Cataloguing in Publication Data

Data available

ISBN-13: 978 0 19 912791 7

10 9 8 7 6 5 4 3 2

Printed in Singapore by KHL Printing Co Pte Ltd

Paper used in the production of this book is a natural, recyclable product made
from wood grown in sustainable forests. The manufacturing process conforms to
the environmental regulations of the country of origin.

Acknowledgements
The authors and publisher would like to thank the following people for their help
and advice:
Julie Green; Anna Lise Gordon; Sarah Provan; Rachel Sauvain; Marie-Thérèse
Bougard; Teresa Adams; Sarah MacDonald; Tim Crapper, Aylesbury Grammar
School, Aylesbury; Jan Harwood, Kingsdown School, Swindon; Julie Thomas,
Marlwood School, Alveston; Crista Hazell, John Cabot City Technology College,
Bristol; Emma Charrot, Burford School, Burford; Pierre Traore, St Gregory the
Great RC Secondary School, Oxford; Terry Smith, Cooper School, Bicester; Rachel
Gill, Stamford High School, Ashton Under Lyne; Stella Pearson, Our Lady's RC
High School, Royton; Jane Bailey, Wellacre Technology College, Manchester;
Elaine Kay, Altrincham College of Arts, Altrincham; John McStocker, Oulder Hill
Community School, Rochdale; Sarah Allen, George Tomlinson School, Bolton;
Sarah Ward, Flixton Girls' High School, Manchester; Joanne Roberts, Plant Hill
Arts College, Manchester; Helen Dougan, The Hollins Technology College,
Accrington; Air-Edel Associates Ltd

Video contributors: Florian Galera, Cyrielle Portiguatti, Franck Martinez, Marie
Torresani, Isis Nesta, Charlie Gouin, Anthony Leydet

The publishers would like to thank the following for permission to reproduce
photographs:
8t Stock Connection Distribution/Alamy; **10**tr Charles Gullung/Zefa/Corbis UK
Ltd; **11** Hubert Boesl/Dpa/Corbis UK Ltd; **14**tl Charles Gullung/Zefa/Corbis
UK Ltd; **19** Daniel Day/Iconica/Getty Images; **20** iStockphoto; **25** Jochen Tack/
Alamy; **25** Directphoto.org/Alamy; **281** Rault Jean Francois Kipa/Corbis UK
Ltd; **282** Valery Hache/AFP/Getty Images; **283** Sipa Press/Rex Features; **284**
c.Miramax/Everett/Rex Features; **285** Sipa Press/Rex Features; **287** Bertrand Guay/
AFP/Getty Images; **288** 'LOFT STORY' – THE FRENCH VERSION OF BIG
BROTHER – 02 MAY; **289** c.20thC.Fox/Everett/Rex Features; **2810** Olivier
Laban-Mattei/AFP/Getty Images; **286**/Rex Features; **301** DREAMWORKS/
ALBUM/akg-images; **302** Ronald Grant Archive; **303** Ronald Grant Archive; **304**
Ronald Grant Archive; **305** Everett Collection/Rex Features; **306** Ronald Grant
Archive; **307** Ronald Grant Archive; **308** Everett Collection/Rex Features; **309**
c.Universal/Everett/Rex Features; **31** Ronald Grant Archive; **32**c Pierre Minier –
Ouest Medias/e/Corbis UK Ltd; **32**b Uli Wiesmeier/Zefa/Corbis UK Ltd; **32**a
Christian Liewig/Liewig Media /Corbis UK Ltd; **32**d www.24rollers.com; **32**e
Andres Kudacki/Corbis UK Ltd; **38**r Corbis UK Ltd; **39** www.24rollers.com; **44**t
c.Universal/Everett/Rex Features; **44**b Arnaud Chicurel/hemis.fr/Getty Images;
45b 318; Gallo Images/Corbis UK Ltd; **461** STUDIO CANAL/ UNIVERSAL
FOCUS/ W/akg-images; **462** c.Universal/Everett/Rex Features; **463** c.Universal/
Everett/Rex Features;
47 vario images GmbH & Co.KG/Alamy; **50**c Arnaud Chicurel/hemis.fr/Getty
Images; **50**b Art On File/Corbis UK Ltd; **59**t 318; Gallo Images/Corbis UK
Ltd; **59**b World Wildlife Fund for Nature; **61** David Chapman/Alamy; **62** Steve
Niedorf Photography/Getty Images; **64**e Martyn F. Chillmaid; **64**f Martyn F.
Chillmaid; **64**g Martyn F. Chillmaid; **64**h Photographers Direct/David Page
Photography; **64**l Martyn F. Chillmaid; **68**c Photographers Direct/Steve Hill
Photography; **68** Nicholas Pitt/Alamy; **68**b J.riou/Photocuisine/Corbis UK Ltd;
68a Tina Lorien/iStockphoto; **68**d Steve Niedorf Photography/Getty Images;
69t Joe Fox/Alamy; **69**b Elizabeth Whiting & Associates/Alamy; **75** Jim West/
Alamy; **77** Horacio Villalobos/Epa/Corbis UK Ltd; **80**tl Patrick Robert/Sygma/
Corbis UK Ltd; **80**tr H. Armstrong Roberts/Retrofile/Getty Images; **80/81**t
Nokia; **81**b PhotoAlto/Alamy; **82** Patrick Robert/Sygma/Corbis UK Ltd; **84**c
Apple Computer Inc; **84**b JUPITERIMAGES/ ABLESTOCK/Alamy; **84**a Nokia;
84d Chris King/Oxford University Press; **84**e Zooid Pictures; **84**f Fujifilm UK
Limited; **84**g Tony Cordoza/Alamy; **84**h Goodmans/Alba plc; **95**t PhotoAlto/
Alamy; **95**b Photodisc/Alamy; **97** Photofusion Picture Library/Alamy; **98**t John
Walmsley/educationphotos.co.uk; **98**b Oxford University Press; **99** Frank Trapper/
Corbis UK Ltd; **101**t John Walmsley/educationphotos.co.uk; **102**1 i love images/
Alamy; **102**2 Picture Contact/Alamy; **102**3 J.p. Moczulski/Reuters/Corbis UK
Ltd; **102**4 Comstock Select/Corbis UK Ltd; **102**5 Thony Belizaire/AFP/Getty
Images; **102**6 Kelly Redinger/Design Pics/Corbis UK Ltd; **102**7 RubberBall/
Alamy; **102**8 Jim Cummins/Taxi/Getty Images; **102**9 Mark A. Johnson/Alamy;
1041 JUPITERIMAGES/ Comstock Images/Alamy; **104**2 PhotoAlto/Alamy;
1043 Martyn F. Chillmaid; **104**4 Martyn F. Chillmaid; **104**5 Jochen Sand/Riser/
Getty Images; **104**6 Martyn F. Chillmaid; **104**7 Helene Rogers/Alamy; **104**8
Steve Skjold/Alamy; **104**9 Oxford University Press; **105**t c.Universal/Everett/
Rex Features; **105**b Frank Trapper/Corbis UK Ltd; **111** Lucie Bertaud; **113**
Richard Broadwell/Alamy; **117**1 RubberBall/Alamy; **117**2 Julia Smith/The Image
Bank/Getty Images; **117**3 Geoff du Feu/Alamy; **117**4 Bubbles Photolibrary/
Alamy; **117**5 Martyn F. Chillmaid; **117**6 Martyn F. Chillmaid; **119**c Photodisc/
Oxford University Press; **119**b Lucy Nicholson/ /Reuters/Corbi/Corbis UK Ltd;
119a Martin Rose/Bongarts/Getty Images; **119**d Nicholas Stubbs/Alamy; **120**
Gideon Mendel/Corbis UK Ltd; **121** Richard Cooke/Alamy; **124** dieter Spears/
iStockphoto;**125** Miguel S Salmeron/Getty Images.

All other photography supplied by Jules Selmes and Oxford University Press.

Illustrations by:
James Elston; Bill Greenhead; John Hallett; Gemma Hastilow; Abel Ippolito; Tom
Percival; Pulsar; Olivier Prime; Theresa Tibbets; Enzo Troiano.

All other artwork: Oxford University Press

Bienvenue à Clic! 3

Welcome to **Clic! 3** where you will

- further your learning and understanding of French
- find out interesting facts about France, French-speaking countries and the people who live and work there
- find out why learning a language is important for you

Here are the characters you will meet on the *Clic! vidéo*. You'll find out what jobs they do, why they like them and what their ambitions are.

Florian

Charlie

Marie / Isis

Cyrielle

Anthony / Franck

Symbols and headings you will find in the book: what do they mean?
Look through the book and find an example of each one.

 Watch the video

 Be careful!

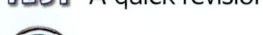 A quick revision test to check what you have learnt

 A listening activity

 A speaking activity

(B → A) Now swap roles with your partner (in a speaking activity)

 A video activity

 A reading activity

 A writing activity

 A grammar activity

 A learning skills activity

 A challenge

 Important words or phrases

Labo-langue	Grammar explanations and practice, learning strategies and pronunciation practice
Blog-notes	Activities linked to video blog (in preparation for the checklist in the *En solo* Workbook)
clic.fr	Information about France
Vocabulaire	Unit vocabulary list
On chante!	A song
Lecture	Reading pages
En plus	Reinforcement and extension activities
Grammaire	Grammar reference
Glossaire	Bilingual glossary

trois

Table des matières

Unit	Page	Contexts	Language/Grammar	Learning strategies
Départ	6	Introduction to the characters who feature on the *Clic! vidéo*, what their jobs might be and why languages are important to them		
1 Premiers contacts	8	Meeting and greeting new people; asking someone out; accepting/declining invitations; arranging time and place to meet; keeping in touch with friends	*Tu veux aller avec moi...? Tu viens avec moi...? On va...? On se retrouve...? Non, désolé(e), je ne peux pas. J'aimerais bien. Je n'ai pas enive de... Je veux bien. Je voudrais... J'espère...;* object pronouns; *aller* + infinitive; recognising different tenses	Learning new words
C'est la vie	16	Florian: youth leader at an after school club and summer camp	*Depuis* + present tense	
Labo-langue	18		Present tense verbs: regular and irregular	
2 À mon avis	26	Discussing TV programmes and films and giving opinions; talking about sports	Different TV programmes (*un feuilleton/la météo*) and film genres (*un western/une comédie*); *J'aime... Je préfère... J'ai horreur de...; C'est un film à éviter. C'était ennuyeux*; sport; position and agreement of adjectives; possessive adjectives (*mon/ton/notre/leur*)	Listening skills: listening for gist, intonation, emphasis
C'est la vie	34	Charlie: basketball player	Perfect tense of reflexive verbs	
Labo-langue	36		Perfect tense with *avoir/être*; perfect tense of reflexive verbs; perfect/imperfect tense	
3 V comme voyages	44	Choosing how to travel and where to stay; visiting Paris	Choosing means of transport; preferences; comparatives (*Je préfère prendre le bus./Le train est plus écolo que la voiture./Le bateau est pire que l'avion.*); the pronoun *y*; types of accommodation; superlatives (*le, la, les + plus/le, la, les + moins*); planning a visit	Reading longer texts: reading for gist, identifying key words
C'est la vie	52	Cyrielle: trainee in a tourist office	Question forms; superlatives	
Labo-langue	54		Verb + infinitive (*aller/il faut/aimer/pouvoir/vouloir/pour* + infinitive)	

4 quatre

Unit	Page	Contexts	Language/Grammar	Learning strategies
4 Savoir-vivre	62	Staying with a French family; meal times in France; helping around the house; discussing differences between life in France and Great Britain	Different food items (*un yaourt/les chips*); being polite at the table (*Vous pouvez me passer la pizza?/Ça a l'air très bon*); household tasks (*faire le ménage/faire mon lit/passer l'aspirateur*) using negatives (*ne...pas/plus/jamais/rien, ni...ni*); indirect object pronouns (*lui/leur*); adverbs of time/ frequency (*tous les jours/souvent*); the imperfect tense	Coping with unknown vocabulary
C'est la vie	70	Marie and Isis: two teenagers who have lived with a foreign family	Perfect tense	
Labo-langue	72		Negative expressions; using different tenses in longer sentences	
5 Découvrir le monde	80	Discussing what you are and are not allowed to do; comparing gadgets now and in the 1950s; discussing life in the future	Discussing what you have the right to do (*Moi, j'ai le droit de.../Je n'ai pas le droit de.../m'habiller comme je veux/me coucher quand je veux/mettre ma musique à fond*); emphatic pronouns (*moi/ toi/lui/elle*); gadgets now and from the 1950s (*un portable/un lecteur DVD/un baladeur MP3/un tourne-disque/des jeux de société*); discussing what life will be like using the future tense (*je travaillerai/on aura/l'école sera*)	Writing strategies
C'est la vie	88	Anthony: a young man who raises awareness about protecting the environment	*Il faut/Il ne faut pas* + infinitive	
Labo-langue	90		Future tense	
6 Préparer l'avenir	98	Discussing the future: choosing subjects; what jobs you'd like to do; part-time jobs and ambitions	Saying what subjects you'll choose and why (*l'année prochaine, je ferai sciences, maths, français.../Je trouve ça facile/dificile./C'est ma matière préférée./Je suis fort(e)/nul(le)*. different jobs (*traducteur/chanteuse*); *quand* + future tense; *si* + present tense; part-time jobs (*travailler dans un magasin/garder des enfants*)	Writing: perfecting your written work
C'est la vie	106	Franck: supervisor at a school	Future plans; qualities needed to do the job	
Labo-langue	108		Writing longer senteces; using connectives; using different tenses	

cinq 5

Départ
Bienvenue à Clic! 3

Clic! *vidéo vous invite à Marseille, dans le sud de la France. Vous allez rencontrer six jeunes qui vous parlent de leur job.*

Départ

 1a Lis et regarde les photos. Qui est qui? Comment as-tu deviné?

  a **Cyrielle** travaille à l'office du tourisme de Marseille. Le travail est varié et elle a beaucoup de contact avec le public.
  b **Charlie**, 16 ans, est un lycéen avec une passion: il joue au basket dans un club et en ligue de championnat de France.
  c **Anthony** est éducateur dans une association de protection de l'environnement. Il travaille aussi sur un site web.
  d **Franck** est surveillant dans un collège. Il s'occupe des élèves en dehors des heures de cours.
  e **Florian** est moniteur dans un centre aéré et en colonie de vacances. Il adore rire et s'amuser avec des enfants.
  f **Marie** est française. Elle habite à Marseille mais elle a travaillé dans une famille en Grande-Bretagne, comme sa copine Isis.

Défi!

En groupes, faites des recherches sur Marseille, sur Internet ou à la bibilothèque. Faites une courte présentation à la classe.

 1b Écoute et vérifie.

 2 À ton avis, une langue étrangère, c'est utile pour qui? Pourquoi? Discutez en anglais en groupes.

Avec qui aimerais-tu faire un stage? Pourquoi? À la fin de Clic 3, reviens et réponds à nouveau. C'est la même réponse?

sept 7

Pourquoi apprendre le français?

Pour se faire des amis francophones et garder contact

Premier jour de colonie de vacances:
Qu'est-ce que tu dis sur toi?
Qu'est-ce que tu demandes aux autres?

Voir pages 10–11.

Comment inviter une fille/un garçon à sortir?
Comment accepter et refuser une invitation!

Voir pages 12–13.

Tu gardes contact avec les copains?
Comment? Par email? MSN? SMS?

Voir page 14.

Premiers contacts 1

Florian, 26 ans, moniteur
Le centre aéré et la colonie de vacances: travail ou vacances?
Tu aimerais être moniteur/ monitrice?

Voir pages 16–17.

Tu oublies le vocabulaire?
Apprendre les mots nouveaux, c'est dur?

Voir page 20.

Julien aime une fille mais ses copains la détestent. Qu'est-ce qu'il va faire?
Décide!

Voir page 22.

À la fin de l'unité 1, reviens ici et réponds aux questions!

neuf 9

1.1 En colonie de vacances

• Greetings and personal details

C'est le premier jour de colonie de vacances. On se fait des amis!

1 Regarde les photos A–F. Imagine les conversations!

Exemple *Bonjour! Salut! Ça va? Oui, et toi?...*

> **Je m'appelle / Je suis / Moi, c'est** + nom
> **Je suis** + nationalité
> **Je parle** + langue
> **Je viens de / Je suis de** + ville / pays
> **J'habite à...**
> **J'ai... ans**
> **Je suis né(e) le...**
> **C'est** (Sophie)

2 Écoute et lis (1–5, page 11). Relie les conversations aux photos A–F.

3 Relis. Qui est qui? Explique en anglais.

Exemple *The girl in the blue jumper and jeans is Sophie because she's taller than the other one.*

10 dix

En colonie de vacances

1
- Salut! Je m'appelle Julien. Comment tu t'appelles?
- Salut! Moi, c'est Marc. Tu es de quelle nationalité?
- Je suis suisse! Toi aussi?
- Non, pas moi*, je suis français. Tu parles quelles langues?   *I'm not / not me
- Je parle français, anglais, allemand et un peu d'italien.
- Pffff! Moi, je parle français. Et encore... je fais des fautes!

2
- Tu viens d'où, Laura?
- Je viens d'Angleterre. Je suis anglaise.
- Ah bon?* Tu habites où exactement?
- À Londres. Et toi, Erwan, tu es d'où?   *Really?
- Moi, je suis breton! Je suis d'un petit village de Bretagne, dans le nord-ouest de la France.

3
- Tu as quel âge, Sophie?
- Treize ans. Toi?   *Me too.
- Moi aussi*, mais je suis beaucoup plus petite que toi!
- C'est quand ton anniversaire, Chloé? Moi, c'est le 2 septembre
- Moi, je suis née le 21 juillet. En fait, Sophie, tu as presque un an de plus que moi!

4
- Yann? Viens-là une minute! Yann, je te présente Magali. Magali, voici Yann.
- Salut, Magali! Tu es déjà venue ici?
- Non, c'est la première fois. Et toi?
- Je suis venu l'année dernière avec Anya.
- Moi, je ne connais personne ici!
- Moi non plus*, sauf Anya... et toi!

*Me neither. / Nor do I.

5
- Antoine, tu vois la fille là-bas, la petite avec les cheveux bruns?
- La brune avec la robe bleue?
- Non, avec le T-shirt gris!
- Ah oui! Super! C'est qui? C'est ta copine, Alex?
- Non! C'est Laura, une Anglaise. Elle est sympa mais son français est nul!
- No problem for me!

 5a Relis. Note les questions utiles pour les premiers contacts.

Exemple *Comment tu t'appelles?*

 5b Trouve les expressions qui répondent aux questions.

6a À trois: imaginez et écrivez une conversation pour la photo E, page 10.

Exemple – *Salut! Je m'appelle Ben. Et vous?*
– *Salut Ben! Moi, c'est Éric. Et voici Lisa...*

 6b Écoute. Note les détails de chacun.

Exemple *Ben: English, London, ...*

Défi!

À deux: inventez l'interview d'une célébrité-mystère.
Une autre paire écoute et devine qui c'est!

Exemple **A** *Bonjour. Vous êtes d'où?*
B *Bonjour! Je suis d'Afrique du sud...*

1.2 Tu veux venir avec moi?

● Asking someone out; saying yes or no

Après-midi libre à la colonie...

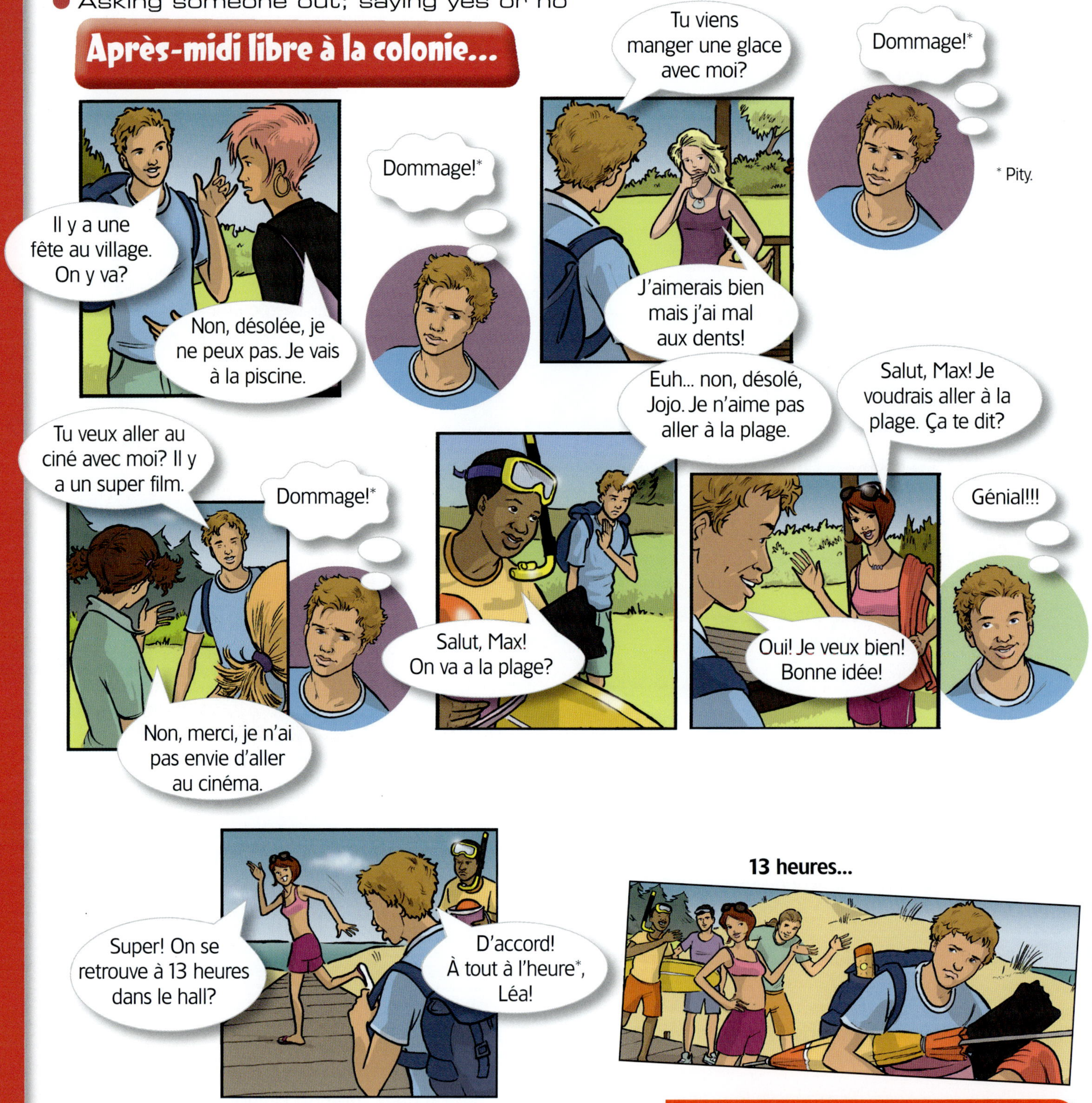

Il y a une fête au village. On y va?
Non, désolée, je ne peux pas. Je vais à la piscine.
Dommage!*

Tu viens manger une glace avec moi?
J'aimerais bien mais j'ai mal aux dents!

Dommage!*

* Pity.

Tu veux aller au ciné avec moi? Il y a un super film.
Non, merci, je n'ai pas envie d'aller au cinéma.
Dommage!*

Salut, Max! On va a la plage?
Euh... non, désolé, Jojo. Je n'aime pas aller à la plage.

Salut, Max! Je voudrais aller à la plage. Ça te dit?
Oui! Je veux bien! Bonne idée!
Génial!!!

Super! On se retrouve à 13 heures dans le hall?
D'accord! À tout à l'heure*, Léa!

13 heures...

Défi!

a Imagine des bulles pour la dernière case (Max, Léa, les garçons, Jojo).
b À deux: inventez une autre fin!

1 Lis et écoute. Trouve les expressions pour:

a invite someone (6) b decline politely (4)
c accept an invitation (2)

12 douze

Visit Clic! OxBox

Tu veux venir avec moi?

1.2

2a Écoute Yann et Magali (1–3). C'est quelle conversation pour la photo à droite?

2b Réécoute. Combien de fois entends-tu les expressions 1–6 et i–vi?

1 Tu viens avec moi...?
2 Tu veux aller avec moi...?
3 On va...?
4 On se retrouve...?
5 Ça te dit?
6 On y va?

i Non, désolé(e), je ne peux pas.
ii J'aimerais bien mais...
iii Non, je n'aime pas beaucoup...
iv Non, je n'ai pas envie de...
v Oui, d'accord! Bonne idée!
vi Je veux bien.

3 À deux: inventez des conversations pour les photos, avec un dé.

Exemple A On va... à la plage?
B Non, je n'ai pas envie d'aller à la plage.

au (cinéma)
à la (piscine)
aux (matchs de foot)

la fête du village | la piscine | la crêperie | le cinéma | la plage | manger une glace

4 Écris deux conversations.

Exemple *Tu veux aller à la piscine?*

5 **Grammaire.** Complète avec les bonnes formes de *vouloir* et *pouvoir*.

Ce soir, c'est soirée libre et les jeunes de la colonie p✱✱✱ sortir. Ils v✱✱✱ tous aller au village. Yann est content parce que Magali v✱✱✱ bien aller à la crêperie avec lui.
«Je p✱✱✱ venir avec vous?», demande Max.
«Non, désolé, tu ne p✱✱✱ pas», répond Yann.
«Je v✱✱✱ manger des crêpes, moi aussi!» insiste Max.
Yann explique: «Magali et moi, nous v✱✱✱ être seuls ce soir. Tu comprends?»
«OK, compris» répond Max, tout triste, «vous p✱✱✱ aller à la crêperie sans moi... Bouhhh! Personne ne m'aime!»

Grammaire

vouloir
Je veux bien!
= *I'd like / love to!*
Je ne veux pas + *infinitive*
= *I don't want to...*
Je voudrais + *infinitive*
= *I'd like to...*

pouvoir
Je peux + *infinitive* = *I can...*
Je ne peux pas! = *I can't...*

For verb endings, see pages 144-145.

Visit **Clic! OxBox**

treize 13

1.3 Et après?

● Keeping in touch with friends

Garder contact avec un copain ou une copine de vacances, c'est important?

Erwan
Pour moi, c'est important. Je garde contact avec Laura, une Anglaise de la colonie. Je ne la vois jamais parce qu'elle habite en Angleterre mais on parle souvent sur Skype ou MSN. On a une webcam tous les deux donc je peux la voir et l'entendre. C'est rigolo!

Julien
Mon copain Marc de la colonie veut garder contact mais moi, je suis nul! Je n'aime pas écrire, même des cartes postales ou des emails! On discute sur MSN quelquefois. Je le vois sur la webcam, c'est sympa!

Anya
Je garde contact avec Magali et Yann depuis la colonie. Je les appelle souvent sur mon portable parce que c'est gratuit* le soir. Je voudrais les revoir. On va peut-être se retrouver un week-end chez Magali.

*free

1 Lis les textes. Écoute ton professeur: dis *Vrai* ou *Faux* et corrige les phrases fausses.

2 Lis. Note toutes les façons de communiquer (10).

Exemple *écrire une lettre,...*

3 Écris ta réponse à la question: Garder contact, c'est ton truc?

Exemple   ✘ *Garder contact, ce n'est pas mon truc parce que...*
          ✔ *J'adore garder contact, alors je...*

4a Grammaire: how many object pronouns can you find in the texts above?

Exemple *je **le** vois,...*

4b Réponds aux questions avec le bon pronom.
1 *Non, je ne **le** vois pas souvent / Oui, je **le** vois souvent.*

1 Tu vois souvent ton meilleur copain?
2 Tu voudrais revoir ta meilleure copine des vacances?
3 Tu contactes tes copains sur MSN tous les jours?
4 Est-ce que tu vois souvent tes copains sur la webcam?
5 Tu appelles tes copains sur ton portable?

Grammaire

Object pronouns

Je vois **Yann**. = Je **le** vois.
Je vois **Magali**. = Je **la** vois.
Je vois **Yann et Magali**. = Je **les** vois.

Et après?

1.3

Yann et Magali… à suivre*!
Magali écrit à Yann pour l'inviter chez elle un week-end. Que va faire Yann?

*to be continued

5a Avant de lire l'email de Magali, décide quelles phrases (a–f) elle va dire.

a J'ai passé de bonnes vacances.
b Super, c'est la fin des vacances!
c Je voudrais déjà être aux vacances d'automne!
d Je ne veux pas te revoir.
e Tu aimerais venir à la maison pendant un week-end?

5b Trouve l'équivalent ou le contraire de chaque phrase (a–f) dans le texte.

Salut, Yann!

Ça va? J'ai adoré mes vacances avec toi en colonie cet été! Mais dommage, les vacances sont finies! La semaine prochaine, on retourne au collège.

Demain, je vais aller en ville avec ma mère. On va faire des courses et acheter mes affaires pour le collège. :-(

Qu'est-ce que tu fais pendant les vacances d'automne? Moi, je reste à la maison. J'aimerais vraiment bien te revoir. Tu voudrais passer un week-end chez moi? Mes parents sont d'accord. :-)

J'espère que tes parents vont dire oui aussi! Réponds vite!

Bisous.

Magali

P.S. Anya te dit bonjour!

Grammaire

To refer to the future:

- *verb in the present tense*
  demain, **on retourne**…

- **aller** + *infinitive*
  je vais aller en ville

- *expressions of wishing/hoping*
  j'aimerais bien…
  je voudrais…
  j'espère…

6 **Grammaire:** Can you find all the verbs in the future tense in the text?

7 Yann téléphone à Magali. Écoute. Vrai ou faux?

a He doesn't want to go to Magali's.
b He would like to go to Magali's but his parents don't want him to.
c He is going to England with school in the Autumn term holidays.
d He doesn't want to go to England but he has to.
e He would like to go to Magali's the first weekend in November.
f Magali is going to Anya's that weekend.

quinze 15

1.4 C'est la vie!

Voici Florian Galera. Il a 26 ans et il habite à Aubagne depuis* un mois. Il est moniteur et il travaille dans un centre aéré. Pendant l'été, il est moniteur dans une colonie de vacances.

1 Regarde le clip sur Florian. Avec quelles premières impressions à droite es-tu d'accord?

2 À deux: ajoutez et discutez de vos premières impressions.

3 Regarde. Note l'ordre des questions posées à Florian.

 a Qu'est-ce qu'il faut pour travailler dans un centre aéré et en colonie de vacances?
 b Vous aimez travailler dans le centre aéré?
 c Qu'est-ce qu'on fait dans les colonies de vacances?
 d Qu'est-ce que vous voudriez faire plus tard?
 e Depuis combien de temps vous êtes moniteur de colonie de vacances?

4 Regarde encore et complète les réponses de Florian.

1 ✹✹✹ travailler dans le centre aéré.
2 Je suis moniteur de colonie de vacances depuis ✹✹✹.
3 ✹✹✹ un diplôme qui s'appelle le BAFA. C'est une formation où on apprend le rythme de l'enfant.
4 Si c'est à la ✹✹✹, nous allons faire de la plongée, de la baignade, de la pêche.
 En ✹✹✹, on fera de l'escalade, du rafting, de la randonnée.
5 ✹✹✹ devenir directeur de mon propre* centre.   *own

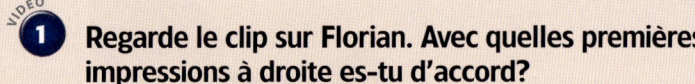
Aubagne est une jolie ville.

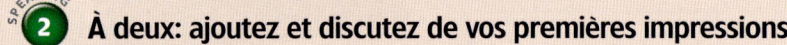
Les enfants ne s'entendent pas avec Florian.

Les activités du centre ne sont pas très variées.

Les colonies de vacances, c'est génial.

Moniteur, c'est un travail sympa.

Le sais-tu?

- Many young French people prepare for the *BAFA* (brevet d'aptitude aux fonctions d'animateur) to be able to work in youth centres and summer camps.
- Most French towns have a *centre aéré*. Typical opening hours are weekdays 7.30–19.00.

j'ai   voudrais
cinq ans   il faut
j'aime   mer   montagne

seize

C'est la vie! **1.4**

5 Lis la fiche sur le métier de moniteur / monitrice. Relie les titres 1–4 aux paragraphes a–d.

1 le rôle d'un moniteur / d'une monitrice de centre aéré
2 le rôle d'un moniteur / d'une monitrice de colonie de vacances
3 les qualités d'un moniteur / d'une monitrice
4 l'avantage de parler une langue étrangère pour un moniteur / une monitrice

a Il faut être sociable, patient, sportif et surtout il faut beaucoup aimer les enfants. Il faut de l'énergie parce que c'est un métier fatigant.

c Il/Elle s'occupe des enfants quand ils arrivent, supervise le petit déjeuner et le déjeuner et anime les activités.

b Il/Elle est responsable des enfants du matin au soir. Il/Elle organise la vie des enfants et les activités, le plus souvent sportives.

d Quand on parle bien une langue, on peut travailler dans des colonies de vacances à l'étranger.

6 Tu aimerais être moniteur / monitrice de colonie? Donne tes raisons personnelles.

Exemple J'aimerais être moniteur / monitrice parce que j'aime les enfants.

ou

 Je n'aimerais pas être moniteur / monitrice parce que je n'aime pas m'occuper des enfants.

7 **Grammaire:** écoute et complète les phrases. Traduis-les en anglais. Quelle différence pour le verbe?

Exemple 1 *Il habite ici depuis un mois.*
         He's been living here for a month.
2 Il est moniteur au centre aéré depuis…
3 Il parle espagnol depuis…
4 Il a le BAFA depuis …

Grammaire

present tense + *depuis*

Il est moniteur depuis 2007.
= *He has been a leader since 2007.*

Il travaille ici depuis un mois.
= *He has been working here for a month.*

Voir page 139.

Visit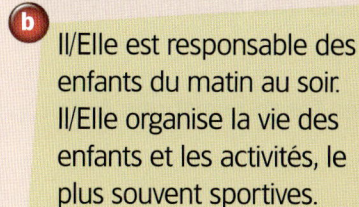

dix-sept **17**

1.5 Labo-langue

Verbs in the present tense

In French, use the present tense to say:

A what you are doing right now

B what you do generally/ routinely/regularly

C how long you've been doing something (with *depuis*)

D what you'll be doing for certain in the near future

1a Match sentences 1–8 to definitions A–D.

1. Je pars en vacances le mois prochain.
2. Je vais à la piscine une fois par semaine.
3. Il passe un mois en colonie de vacances depuis l'âge de huit ans.
4. Elle sort avec ses copains tous les week-ends.
5. Je vous écris cette lettre pour me présenter.
6. Il va en Italie dans six mois.
7. – Tu viens? – Non, je mange.
8. Je joue du piano depuis deux ans.

1b Translate the sentences into English and compare the use of tenses.

1c Write speech bubbles for the cartoons A–D.

Regular verbs

1. Most verbs ending in **-er** are regular (except **aller**):
   jouer: *je joue, tu joues, il/elle/on joue, nous jouons, vous jouez, ils/elles jouent*

2. Some **-ir** verbs follow a regular pattern, but most are irregular.
   finir: *je finis, tu finis, il/elle/on finit, nous finissons, vous finissez, ils/elles finissent* (also **choisir**)
   sortir: *je sors, tu sors, il/elle/on sort, nous sortons, vous sortez, ils/elles sortent* (also **partir**)

3. Some **-re** verbs follow this pattern, but most are irregular.
   perdre: *je perds, tu perds, il/elle/on perd, nous perdons, vous perdez, ils/elles perdent*

2 Write these sentences out with the correct present tense form of the verb.

a. On [**rester**] à la maison cet été.
b. Tu [**partir**] quand en vacances?
c. Vous [**envoyer**] souvent des emails?
d. Nous [**aimer**] bien le français.
e. Il [**perdre**] toujours son portable!
f. Ils [**sortir**] avec des copains ce soir.
g. Elles [**finir**] les cours à dix-sept heures.
h. Je [**se coucher**] tard le soir.

18 dix-huit

Labo-langue 1.5

Irregular verbs

être, *avoir* and *aller* are the most common irregular verbs and you need to know them by heart.

With most irregular verbs, endings still follow a recognisable pattern.

je ... **-e** or **-s** or **-x**
tu ... **-es** or **-s** or **-x**
il/elle/on ... **-e** or **-d** or **-t**
nous ... **-ons**
vous ... **-ez**
ils/elles ... **-ent**

See *Grammaire* pages 144–145 and learn **être**, **avoir** and **aller**.

Present tense... relax!

3 Listen to the rap to help you remember typical present tense endings.

4 Copy and complete these present tense verbs.

a je chant**, je prend**, je peu**
b tu mang**, tu sor**, tu veu**
c il parl**, elle perd**, on doi**
d nous aim**, nous choisiss**, nous voul**
e vous regard**, vous finiss**, vous pouv**
f ils téléphon**, ils sort**, elles doiv**

Common irregular verbs

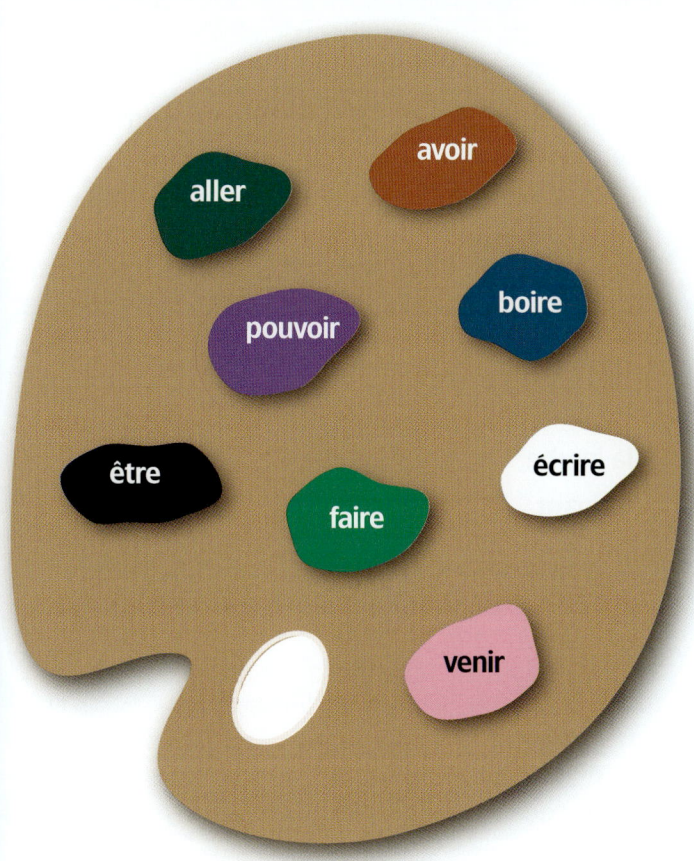

5 Check how well you know the verbs on the left: choose a verb, your partner chooses a subject pronoun (*je, tu*, etc.) and you write it down with the correct verb. Check your answers on *Grammaire* pages 144–145.

6 Find a verb on the left for each sentence. Write it out in the correct form.

Example *a – veux/peux/vas*

a Est-ce que tu ** me donner ton adresse email?
b Qu'est-ce que je ** pour aller à la soirée?
c Nous ne ** pas sortir du centre sans le moniteur.
d On ** jusqu'à 10 heures du matin pendant les vacances.
e Ma sœur ** environ 40 SMS par jour!
f Les moniteurs ** le prénom de tous les enfants.
g Mon meilleur copain ** passer le week-end chez moi.
h Qu'est-ce que vous ** au petit déjeuner?
i Les filles ** plus que les garçons!

7 Now write similar gapped sentences. Can your partner fill in the missing verbs?

dix-neuf

1.6 clic-forum — Learning new words

I find learning new words and phrases quite difficult. What is the best way to do it?

I keep forgetting the words I've learned! What can I do?

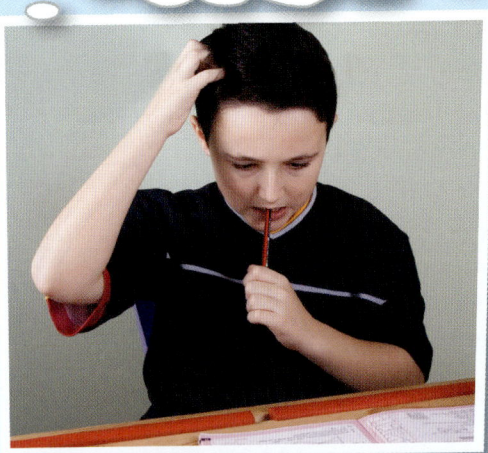

Learning vocabulary takes time and practice. Try out various strategies and see which suits you best.

- Say (or sing or chant) and listen to the words (recorded on MP3 or mobile).
- If you're more visual, mime, write or draw the words.
- Associate words or phrases with mental images that are meaningful to you (teeth = *les dents* ➔ dentist).
- Make connections between new words and others that you already know in French or words in your own language.
- Use different ways to remember words (mind map, linking words to pictures, putting them in a story, etc.).
- Write words on cards. On the back, write a translation or definition, or draw a picture. Play games like *Match the pairs* or *Snap*.

The golden rule is: revise and reuse often.

- Write the words in a notebook and record them on your MP3 or mobile. Test yourself at regular intervals, e.g. on your way to school.
- Concentrate on words you find difficult: write a cue (English translation) on sticky labels and fix them to your bedroom door. Take them down when you're confident you know them.
- Reading a lot in French will help keep the words fresh in your memory.

 1a Choose a few strategies and learn this list of words from the unit.

les dents • la jambe • fatigant • se retrouver • ensemble • connaître • tout le monde • dommage • revoir • moniteur • perdre de vue

 1b Compare your strategies with your partner. Which method did you find the easiest?

 2 Make a poster. Write the words you want to learn on sticky notes and stick them in the Daily column.

Daily	Weekly	Monthly
les dents		
la jambe		
fatigant		

a After a day, move the words you know to the Weekly column. Learn the remaining words until they all move.
b After a week, move those you know to the Monthly column. Those you don't know go back to the Daily column.
c After a month, remove those you know and those you don't know go back to the weekly column... and so on!

Tu sais tout?

1.6

Écoute!

1a Listen to Magali and Anya. Answer *yes, no* or *maybe* to each question.

1. Magali invite Anya pour le week-end?
2. Anya peut aller chez Magali?
3. Anya veut aller au mariage?
4. Est-ce que Magali aime aller à des mariages?
5. Est-ce qu'Anya va parler à ses parents?
6. Est-ce que les parents d'Anya disent oui?

Écris!

3 Write a paragraph about yourself giving the following information.

Example   *a Je m'appelle Kieron Langley.*

a name, age and date of birth
b where you are from and where you live
c nationality and languages spoken
d what you do to keep in touch with your friends

Lis!

2a Read the letter Magali wrote to a friend while at summer camp. Number these sentences in the right order to summarise the text.

Example 1 = e

a She's not sure Yann will want to go out with her.
b She met a boy through Anya and would love to go out with him.
c She is going out with Yann in the evening.
d She didn't like it at first.
e She had never been to a camp before.
f Meeting Anya made her change her mind.

2b Note the phrases from the text which indicate the above.

Example a – J'espère qu'il va vouloir sortir avec moi aussi!

Parle!

4 Look at the illustrations. Use them to answer the question: *Comment gardes-tu contact avec tes amis?*

Example   *J'écris des cartes postales.*

Salut Morgane!

Je t'écris d'une colonie de vacances. C'est la première fois que je vais en colonie. Au début, c'était nul!

On va souvent à la plage et je n'aime pas ça – je n'aime pas nager.

Mais j'ai rencontré Anya, je la trouve super! Maintenant, je suis contente d'être ici. C'est une fille vraiment sympa et on a beaucoup de choses en commun. Et puis, Anya m'a présenté un garçon génial! J'aimerais bien sortir avec lui. Il s'appelle Yann. Il est adorable. J'espère qu'il va vouloir sortir avec moi aussi!

Je t'embrasse.

Magali

P.S. Yann m'a invitée à sortir avec lui ce soir! On va manger des crêpes au village.

vingt-et-un

1.7 Quel dilemme!

«Temps libre!» crie le moniteur. Amélie va au salon. Elle déteste le temps libre à la colo. Les autres filles discutent de vêtements, de maquillage, de garçons... ça ne l'intéresse pas! Les garçons? Ils se moquent d'elle, ils disent qu'elle est bizarre, ils l'appellent Miss Beethoven. C'est vrai, elle est différente. Sa passion, c'est le piano. À 14 ans, elle joue Beethoven à la perfection. Alors, elle est souvent seule. Elle commence à jouer sur le mauvais piano de la colonie.

«Julien, tu joues au foot?» demande Luc, un des copains de Julien. «Euh, non... Il fait trop chaud! On va au salon?» répond Julien.

«Ah non! Miss Beethoven joue! Elle nous casse les oreilles, cette fille!»

«Moi, j'aime bien» répond Julien. «Tu es nul!» se moquent ses copains.

Julien entre au salon. Amélie le regarde: il est grand, brun... Elle aimerait vraiment lui parler mais il va se moquer d'elle, lui aussi. Alors, elle se concentre sur le piano. Soudain, deux mains commencent à jouer à côté d'elle. C'est Julien!

«Je peux m'asseoir et jouer avec toi?» demande-t-il.

«Euh... oui...!» répond Amélie, comme un robot.
Julien, assis à côté d'elle au piano! Elle rêve!
«Ce soir, c'est soirée libre et il y a une fête au village. Tu veux venir?» demande Julien. Amélie ne répond pas... c'est un rêve et elle va se réveiller...

Tout à coup, les copains de Julien arrivent dans le salon. Ils montrent Amélie et Julien du doigt et se moquent.
«Ah, voilà Mozart et Beethoven! Les nuls!» Julien se lève aussitôt et sort du salon.
«Tu viens au village ce soir?» demande Luc.
«Euh oui, avec Amélie» répond Julien.
«Ah non, pas question, elle est nulle, cette fille. C'est nous ou elle, compris?!»

Julien aime bien ses copains mais ses copains détestent Amélie. C'est dommage. Lui, il aime bien Amélie. Il l'aime beaucoup, de plus en plus. Qu'est-ce qu'il va faire?

 1a Regarde l'illustration. À ton avis, qu'est-ce qui se passe dans l'histoire?

 1b Lis. Réponds en anglais.
- **a** Where does the story take place?
- **b** Who is the story about?
- **c** What happens?
- **d** What is the dilemma?

 2 Les amis de Julien lui donnent des conseils. Avec qui es-tu d'accord?

Clément: «Garde tes copains et ne sors pas avec cette fille. Les copains sont plus importants!»

Léandre: «Sors avec tes copains, mais invente une excuse polie pour Amélie.»

Laura: «Sors avec Amélie en secret, ne dis rien à tes copains!»

Estelle: «Fais comme tu veux! Si tu as envie de sortir avec Amélie, sors avec elle. Si tes copains ne sont pas contents, ce ne sont pas de vrais copains!»

 3 Imagine: tu es Julien. Qu'est-ce que tu vas faire?

 4 Écris une fin.

clic-mag

Attention, danger!

Le web, c'est super pour discuter avec d'autres jeunes dans le monde entier, avec la messagerie instantanée ou dans les chat-rooms. Mais attention! On peut faire de mauvaises rencontres…

L'histoire vraie d'Antoine, 14 ans

«Samedi dernier, comme tous les samedis, j'ai joué au foot au club. Après le match, à l'arrêt de bus, un homme arrive en voiture. Il me dit: «Salut! Tu es Antoine, c'est ça?» Je ne réponds pas. Il continue: «Tu es super au foot! Tu veux jouer dans l'équipe du club de jeunes?» On parle de foot. On aime les mêmes équipes et les mêmes joueurs. Il est très sympa. Il me comprend vraiment bien. Il me dit: «Monte dans la voiture, on va chez toi!» Je sais, il faut dire non, mais il est vraiment sympa…

On ne va pas chez moi. On s'arrête sur un parking désert. Il met sa main sur ma jambe… Brrrr! Je comprends! Je panique! Je sors de la voiture et je crie, je crie!! L'homme part très vite.

À la maison, je dis tout à mes parents. Ils me demandent à qui j'ai parlé sur le web. Et là, je me rappelle: dans la chat-room, il y a souvent un garçon de mon âge qui adore le foot. La semaine dernière, on a discuté de nos équipes et de nos joueurs préférés et aussi du match de samedi. Il m'a demandé comment j'étais physiquement pour savoir qui je suis sur le terrain. En fait, l'homme de la voiture, c'était lui…»

Tu es dans une chat-room. Tu réponds ou pas?
On te demande…

- tes passe-temps préférés
- jusqu'à quelle heure tu peux sortir le soir
- un rendez-vous dans un fast-food
- si tu veux être un figurant* dans un petit film   *to be an extra
- quelle musique tu aimes
- quel âge tu as
- ton numéro de portable
- ton adresse email pour t'envoyer des photos de ta star favorite
- si tu veux un billet gratuit pour un concert de ton groupe préféré
- comment tu es physiquement
- si tes parents savent que tu es dans la chat-room
- comment tu t'appelles

---

 1 Before reading, guess what the article is about. How can you work it out?

 2 Read *L'histoire vraie…* In groups, write your own version of the text (close the book!). Compare with other groups.

 3 Read *Tu es dans une chat-room*. In your view, what questions wouldn't be safe to respond to? Discuss in groups.

Vocabulaire

Premières rencontres	*First encounters*
Comment tu t'appelles?	What's your name?
Je m'appelle X.	My name is X.
Moi, c'est Y.	I'm Y.
Tu es de quelle nationalité?	What nationality are you?
Je suis anglais(e) / britannique.	I'm English / British.
Tu parles quelles langues?	What languages do you speak?
Je parle anglais et français.	I speak English and French.
Tu viens d'où?	Where do you come from?
Je viens de Grande-Bretagne.	I come from Great Britain.
Tu es d'où?	Where are you from?
Je suis d'Écosse.	I'm from Scotland.
Tu habites où exactement?	Where do you live exactly?
J'habite dans un petit village.	I live in a small village.
Tu as quel âge?	How old are you?
J'ai 13 ans.	I'm 13.
C'est quand ton anniversaire?	When's your birthday?
Je suis né(e) le 21 mai.	I was born on May 21st.
Je te présente X./Voici X.	This is X.
Salut! Bonjour!	Hi! Hello!
Tu es déjà venu(e) ici?	Have you been here before?
Non, c'est la première fois.	No, it's my first time.
Je suis venu(e) l'année dernière.	I came last year.
Je ne connais personne ici!	I don't know anybody here!
Ah bon?	Really?
Moi non plus.	Neither do / have I.
Moi aussi.	Me too.
Pas moi.	Not me / I haven't / I don't.

Sortir	*Going out*
Il y a une fête au village. On y va?	There's (a village fête). Shall we go?
Tu viens (manger une glace) avec moi?	Are you coming (for an ice cream) with me?
Tu veux aller (au ciné) avec moi?	Do you want to go to (the cinema) with me?
On va (à la plage)?	Shall we go (to the beach)?
Je voudrais (aller à la plage).	I'd like to (go to the beach).
Ça te dit?	Do you fancy coming along?
Non, désolé(e), je ne peux pas.	No, sorry, I can't.
J'aimerais bien mais (j'ai mal aux dents)!	I'd like to but (I have toothache).
Je voudrais bien mais je ne peux pas.	I'd like to but I can't.
Je n'ai pas envie d'(aller au cinéma).	I don't feel like (going to the cinema).
Je n'aime pas beaucoup (aller à la plage).	I don't really like (going to the beach).
Je ne veux pas (aller au cinéma).	I don't want to (go to the cinema).
Dommage!	Shame! / What a pity!
Oui! Je veux bien!	Yes. I'd like / love to!
Bonne idée!	Good idea!
On se retrouve ici à X heures?	Shall we meet here at X o'clock?
D'accord!	OK!
À tout à l'heure.	See you then.
Je sors avec X ce soir.	I'm going out with X tonight.

Garder contact	*Keeping in touch*
Je n'aime pas écrire.	I don't like writing.
Je n'écris jamais.	I never write.
Pour moi, c'est important.	For me, it's important.
Je discute souvent sur Skype / MSN.	I'm often on Skype / MSN.
J'envoie des SMS.	I text.
J'envoie des photos par email.	I send photos by email.
J'appelle sur mon portable.	I call on my mobile.
J'ai une webcam.	I have a webcam.
sur mon blog	on my blog
Tu vois ta copine avec la webcam?	Do you see your friend on the webcam?
Je **la** vois et je **l'**entends.	I can see and hear her.
Tu revois ton copain?	Are you seeing your friend again?
Je **le** revois le week-end prochain.	I'm seeing him next weekend.
Tu contactes tes copains sur MSN?	Do you contact your friends on MSN?
Je **les** contacte tous les jours.	I contact them every day.

Vocabulaire 1.8

Premier email après la rencontre	**First email after meeting**
Dommage, c'est la fin des vacances!	Shame, the holiday's over!
J'ai passé de bonnes vacances.	I had a good holiday.
J'ai adoré mes vacances avec toi.	I loved my holidays with you.
Je voudrais te / le / la revoir.	I would like to see you / him / her again.
Qu'est-ce que tu fais pendant les vacances?	What are you doing during the holidays?
Je reste à la maison.	I'm staying at home.
Tu aimerais venir à la maison?	Would you like to come to my place?
Mes parents sont d'accord.	My parents are OK with it.
Réponds vite!	Write back soon.
Bisous.	Love from...
Je t'embrasse.	Love from...
X te dit bonjour!	X says hello!

Le travail de moniteur	**Working as a camp leader**
un moniteur / une monitrice	youth leader
un centre aéré	after school club
Qu'est-ce qu'il faut...?	What do you need...?
Il faut avoir / être...	You need to have / to be...
sociable / patient	sociable / patient
Qu'est-ce que vous voudriez faire plus tard?	What would you like to do later on?
Je voudrais devenir...	I'd like to become...
Depuis combien de temps?	For how long?
un diplôme	a diploma
une formation	training
s'occuper d'enfants	to look after children
animer des activités	to lead activities
Il est moniteur depuis 2007.	He's been a leader since 2007.
Il travaille ici depuis un mois.	He's been working here for one month.

 WRITING 1 Make up as many sentences as you can about the pictures using the words / phrases on this page.

vingt-cinq 25

Pourquoi apprendre le français?

Pour parler de choses intéressantes avec des amis francophones

Voir page 28.

Tu regardes souvent la télé? Quelle est ton émission préférée?

Les infos, ça t'intéresse ou ça t'ennuie?

Qui est ton acteur préféré?

Quelle actrice aimes-tu?

Quel genre de film préfères-tu?

Voir page 30.

Je vais manquer une fête familiale importante pour aller à un match de foot.

C'est le bon choix? À toi de décider!

Voir page 40.

26 vingt-six

À mon avis 2

Est-ce que Charlotte est sportive?
Jérémy a assisté à quels événements sportifs?

Voir page 32.

Charlie, 16 ans. Lycéen ou basketteur professionnel?

Lundi matin au lycée, il est fatigué.

Pourquoi?

Voir page 34.

Tu as des problèmes pour comprendre le français?

On parle trop vite?

Voir page 38.

À la fin de l'unité 2, reviens ici et réponds aux questions!

vingt-sept 27

2.1 C'est nul, ça!

● TV programmes and your opinion of them

1 **Relie.**

Exemple *1 b*

1

2

3

4

5

6

7

8

9

10

11

12

- **a** un dessin animé
- **b** un documentaire
- **c** une émission de télé réalité
- **d** une émission musicale
- **e** une émission sportive
- **f** un feuilleton
- **g** un film
- **h** les informations
- **i** un jeu télévisé
- **j** la météo
- **k** une pub(licité)
- **l** une série

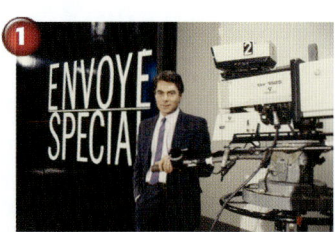

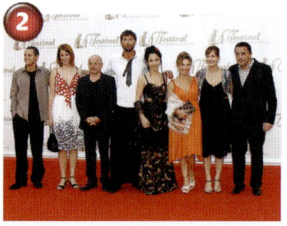

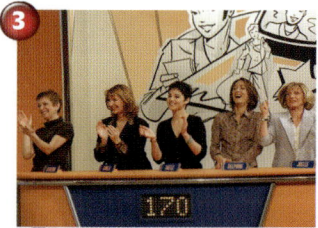

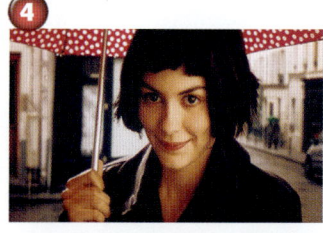

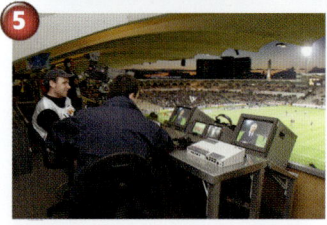

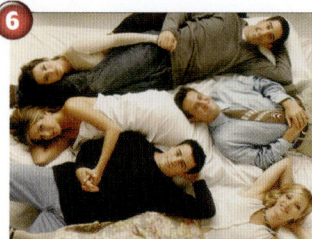

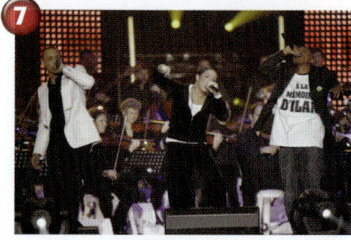

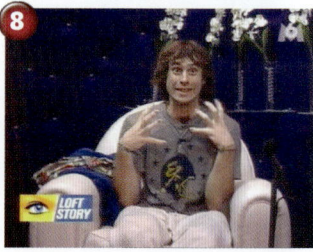

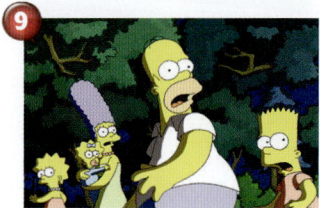

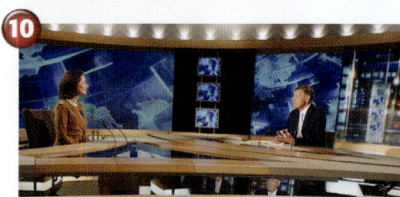

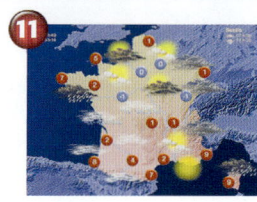

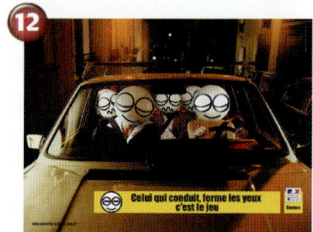

2 **Écoute (1–7). Recopie la grille et note les émissions de télévision et les opinions.**

Exemple

	émission de télé	opinion
1	*feuilleton*	*déteste, nul*

3 **À deux: discutez. A pose une question sur chaque genre d'émission. B répond avec des expressions de la grille. (B→A) Sur quels genres d'émission êtes-vous d'accord?**

Exemple **A** *Comment tu trouves les feuilletons?*
B *Ah, c'est nul! Je déteste les feuilletons!*

😊	😐	☹
j'adore j'aime bien je préfère	bof, pas mal ça va, mais...	je n'aime pas (du tout) je déteste j'ai horreur de / des...
c'est marrant / génial / super / intéressant		c'est nul / trop bête / ennuyeux
		il y en a trop

Visit Clic! OxBox

C'est nul, ça! 2.1

THÈME DE LA SEMAINE: La télé et vous

Les acteurs

Pour moi, les acteurs de feuilletons français sont excellents. Ils sont naturels. Par contre, les acteurs des séries américaines sont affreux!
Mathilde, Le Mans

La TNT (Télévision Numérique* Terrestre)   *digital TV

La TNT est extraordinaire! On a un grand choix d'émissions de haute qualité. Mes copains préfèrent regarder la télé sur ADSL, mais je n'aime pas du tout regarder la télé sur ordinateur, et je n'aime pas la télé par satellite. NRJ12 est une très bonne chaîne musicale, à mon avis. C'est super!
Quentin, Limoges

Les émissions de télé

Les émissions de télé françaises? Bof, certaines émissions sont bonnes, mais il y a aussi de mauvaises émissions. J'aime bien les soirées "action" et les grands films français le dimanche, mais il y a trop de pubs sur toutes les chaînes et trop d'émissions sportives.
Pierre, Dreux

 4 Lis les textes. Lis les phrases 1–8 et note vrai (V), faux (F) ou on ne sait pas (?). Corrige les erreurs.

1 Mathilde loves soaps.
2 Mathilde thinks American actors are natural.
3 Quentin loves digital TV.
4 Quentin prefers watching TV on his computer.
5 Quentin watches *NRJ12* every day.
6 Pierre prefers French TV to American TV.
7 Pierre doesn't like French films.
8 Pierre isn't sporty.

 5 Donne ton opinion sur la télé. Adapte les textes pour toi.

Exemple *Pour moi, les acteurs de feuilletons sont mauvais.*

 6 Grammaire: Regarde les adjectifs dans les textes. Copie la grille. À deux: comparez et discutez.

adjective	m/f, sing/pl?	before/after noun?

 7 Tu es d'accord avec qui? Écris tes raisons positives et négatives.

Exemple *Je suis d'accord avec..., parce que moi aussi, je trouve que...
Je ne suis pas d'accord avec... parce que moi, je n'aime pas...*

Grammaire

Adjectives **agree** with the noun they describe.
Les acteur**s** sont excellent**s**.

masculine singular	feminine singular	masculine plural	feminine plural
excellent	excellen**te**	excellen**ts**	excellen**tes**

Most adjectives **follow** the noun, but some go **before**.
les films **français**
un **grand** choix

See *Grammaire* page 130.

Visit

vingt-neuf 29

2.2 # Au grand écran

● Discussing films; describing the plot of a film

READING **1** **Regarde la liste des films au Ciné-club. C'est quel genre de film?**

Exemple *1 – un film de guerre*

une comédie
un dessin animé
un film d'action
un film d'amour
un film de guerre
un film d'horreur
un film de science-fiction
un policier
un western

Ciné-club

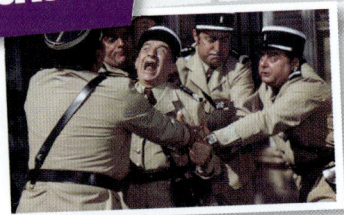

1 Il faut sauver le soldat Ryan

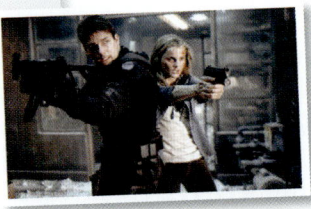

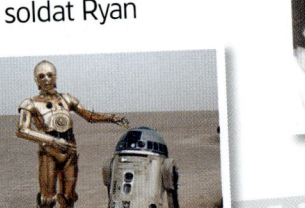

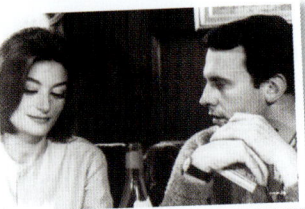

2 Le Gendarme

3 Mission Impossible 3

4 La Guerre des Étoiles

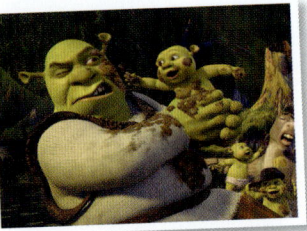

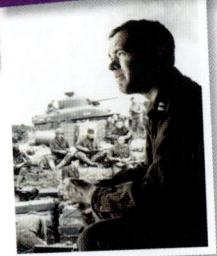

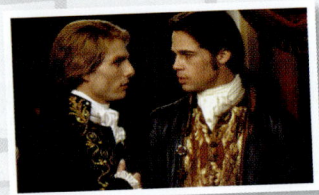

5 Un homme et une femme

6 Shrek le Troisième

7 Il était une fois dans l'ouest

8 Entretien avec un vampire

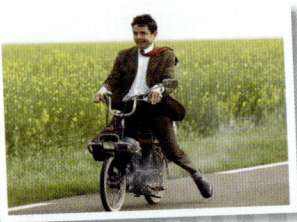

9 Les vacances de Mr Bean

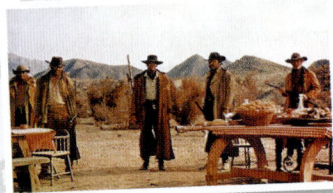

2 **Écoute Chloé et Max. Lis les questions 1–5 et note leurs réponses.**

1 Il/Elle aime quel genre de film?
2 Quel est son film préféré?
3 Quels sont les personnages principaux du film?
4 Qui est son acteur préféré?
5 Qui est son actrice préférée?

SPEAKING **3** **À deux: discutez comme Chloé et Max. Utilisez les questions 1–5 de l'activité 2.**

Exemple **A** *Tu aimes quel genre de film?*
B *Moi, j'adore les films d'amour parce que je suis très romantique!*

Grammaire

Possessive adjectives match the noun they belong to.

English	singular		plural
	masc.	fem.	
my	mon	ma	mes
your	ton	ta	tes
his / her	son	sa	ses
our	notre		nos
your	votre		vos
their	leur		leurs

⚠ ***mon / ton / son*** + feminine nouns beginning with a vowel or silent 'h', e.g. *mon actrice préférée.*

⚠ ***son / sa / ses*** = 'his' and 'her' – the meaning is usually obvious from the rest of the sentence.

Au grand écran   2.2

Les Pirates des Caraïbes: la Malédiction du Black Pearl.

C'est l'histoire du Capitaine Jack Sparrow (Johnny Depp), un pirate très bavard. Un pirate très méchant, Barbossa (Geoffrey Rush), vole son bateau, le Black Pearl, et abandonne Jack sur une île déserte. Jack quitte l'île et rentre à Port Royal aux Caraïbes.

On déteste les pirates au dix-septième siècle, alors on veut capturer Jack, mais il rencontre un forgeron* un peu naïf, Will Turner (Orlando Bloom). Will aime Elizabeth (Keira Knightley), la jolie fille du gouverneur. Malheureusement, Barbossa et ses pirates la capturent. Will et Jack partent chercher Elizabeth et la sauvent à la fin.   * blacksmith

Personnellement, j'ai beaucoup aimé ce film! Les acteurs étaient super, il y avait beaucoup d'humour et par moments, c'était terrifiant! C'est un film à voir.

 4 Lis le commentaire. Réponds en français.

   a   C'est quel genre de film?
   b   C'est quoi, l'histoire?
   c   Qui sont les personnages principaux? Décris-les.

 5 Relis et trouve le français.

   a   it's about...
   b   the actors were great
   c   it's a film you must see
   d   it was terrifying
   e   the pirates kidnap her
   f   there was a lot of humour
   g   they save her

 6a Écoute. Réponds aux questions (a-c) de l'activité 4.

 6b Réécoute. Quelles opinions entends-tu?

   a   J'ai trouvé le film trop long.
   b   Les effets spéciaux étaient nuls.
   c   Les acteurs n'étaient pas marrants.
   d   C'était ennuyeux!
   e   C'est un film à éviter.

 7 Décris un film à ton / ta partenaire, puis écris un commentaire. Utilise le vocabulaire des activités 4, 5 et 6.

   Exemple   *La semaine dernière, j'ai vu un dessin animé qui s'appelle Toy Story. Ça raconte l'histoire de...*

C'est un film d'action / une comédie.
C'est avec...
J'ai beaucoup aimé (ce film) parce que...
Je n'ai pas beaucoup aimé (ce film) parce que...

Les acteurs étaient nuls / géniaux.
Les effets spéciaux étaient nuls / géniaux.
C'était long / ennuyeux.
C'était drôle / passionnant.
C'est un film à voir. ✓ ✓
C'est un film à éviter. ✗ ✗

Grammaire

perfect tense
j'ai aimé   I liked

imperfect tense
c'était   it was
ils étaient   they were
il y avait   there was / there were

More about these tenses on pages 36–37

Visit

trente-et-un 31

2.3 Le sport en rêve

● Talking about sports

Charlotte et Jérémy rêvent...

a En automne, j'étais en France pour la Coupe du Monde.

c (image)

d En été, j'ai participé aux 24 h du Mans. C'était extraordinaire!

b  En hiver, j'étais dans les Alpes pour le championnat du monde.

e Au printemps, j'étais à Paris pour la finale de la Ligue des Champions. C'était fantastique!

1a Écoute et note la saison et le sport.

Exemple *1 (Jérémy) en automne, le rugby*

1b Réécoute: joueur / joueuse, arbitre, entraîneur / entraîneuse ou spectateur / spectatrice?

Exemple *1 arbitre*

2 À deux. Devinez: Charlotte ou Jérémy?

A Tu étais spectateur? B Non
A Tu étais joueur? B Non
A Tu étais arbitre? B Oui.
A Alors, tu étais à Paris au printemps pour...? Tu es Jérémy.

arbitre

entraîneur / entraîneuse

joueur / joueuse

spectateur / spectatrice

32 trente-deux

Le sport en rêve 2.3

Grammaire

Verb tenses – Perfect and Imperfect
Use the **perfect tense** to say what you **did** or **have done** in the past.
The **imperfect tense** tells you what **was happening** or **describes** what something or someone **was** like.
See page 36.

Perfect	Imperfect	Present
j'ai été	j'étais	je suis
j'ai joué	je jouais	je joue
j'ai fait	je faisais	je fais

3 Complète les blancs, puis écoute et vérifie.

Au printemps, j'étais aussi à Paris pour la finale de la Ligue des Champions. Non, pas comme ① – je suis arbitre de foot. C' ② ③ . L'ambiance au stade de ④ était extraordinaire, surtout* à la fin pour les pénalités.   *especially

fantastique

France   joueur

était

En hiver, j' ⑤ dans les Alpes pour le championnat du monde. Non, je n'ai pas ⑥ d'alpinisme*, je ⑦ entraîneuse de ski pour l'équipe nationale de France. Le ski, j'adore ça! Il ⑧ bien froid en montagne, mais les skieurs n' ⑨ pas froid. C' ⑩ vraiment passionnant*!
*mountaineering exciting

étais
suis   fait
faisait   étais
avaient

4 **Grammaire:** trouve dans le texte à droite:
- 2 verbes au **P**assé composé – j'ai participé, ...
- 2 verbes à l'**I**mparfait – c'était, ...

5 À toi. Imagine que tu es fanatique d'un sport. Écris un paragraphe. Remplace les parties soulignées dans le texte. Choisis parmi les expressions suivantes.

- de snowboard, d'athlétisme, d'alpinisme, de gymnastique, de natation
- extraordinaire, fantastique, super, passionnant
- en automne, en hiver, en été, au printemps
- dans les Alpes, au stade, au gymnase, à la piscine olympique
- l'année dernière, la semaine dernière, en janvier, en février, en septembre
- au championnat (du monde) de / d'...
- super, incroyable
- j'ai gagné, j'ai fini en deuxième / troisième position

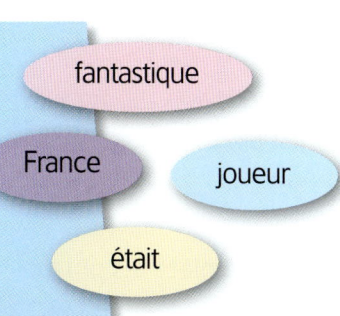

Salut! Je suis vraiment fanatique de snowboard. C'est extraordinaire comme sport! Normalement, je fais du snowboard en hiver dans les Pyrénées. J'adore ça! L'année dernière, j'ai participé à la finale de la Coupe du Monde de snowboard. C'était vraiment passionnant. Je n'ai pas gagné, mais l'ambiance était extraordinaire.

trente-trois 33

2.4 C'est la vie!

 1 Regarde le clip sur Charlie. Tu es d'accord avec quelles opinions?

- Charlie a l'air* sympa. *looks
- Avoir une passion pour le sport, c'est bien.
- Le basket me semble excitant.
- J'aimerais avoir un copain comme Charlie.
- J'ai horreur du sport, mais son club est bien, je trouve.
- Moi aussi, j'aimerais aller à Seattle, même si je ne joue pas au basket!

Voici Charlie. Il joue au basket-ball depuis 13 ans. Il habite à Marseille.

2 Regarde et complète les phrases. Regarde encore et vérifie.

a Alors, je m' **1** Charlie et **2** 16 ans.   b Ma passion **3** le **4** . J' **5** ça.
c J' **6** 3 ans quand j'ai **7** à jouer.

 3 Regarde la première partie de l'interview et relie les photos et les phrases.

A Ma passion, c'est le basket-ball, j'adore ça

B C'est Stade Marseillais Universitaire Club.

C Non, je joue au basket en Ligue de Championnat de France, en Cadets Division 2.

D Des fois*, je parle anglais quand je joue au basket mais pas souvent.   *sometimes

4a Regarde et écoute les questions de l'interviewer: c'est quoi en anglais?

Tu peux m'expliquer ce que ça veut dire SMUC?
...
Alors, Charlie, tu joues au basket en Ligue Nationale des Juniors?
...
                                                        *training
L'entraînement* est fatigant?   when you're used to it
Alors, l'entraînement est assez fatigant, mais quand on a l'habitude*, ça va.
Tu parles anglais aussi quand tu joues au basket?

 4b Regarde encore et complète les réponses de Charlie.

34 trente-quatre

C'est la vie! 2.4

Le sais-tu?
- En France, les collèges n'organisent pas de compétitions de basket-ball.
- Les clubs de la FFBB (la Fédération Française de Basket-Ball) forment* les joueurs et joueuses pour les clubs professionnels, et organisent des rencontres* et des tournois sportifs.

*train
fixtures

5a Regarde le clip sur l'emploi du temps de Charlie dimanche dernier. Quelles phrases entends-tu?

a Je me suis levé.
b Tu t'es lavé?
c J'ai pris mon petit déjeuner.
d Tu t'es échauffé?*
e Vous vous êtes échauffés?
f Je me suis échauffé pendant une heure.
g Tu es rentré à quelle heure?
h Je me suis couché.

*Did you warm up?

5b Quelles phrases ne sont pas mentionnées? Que veulent-elles dire?

6 Lis le résumé de la visite de Charlie à Seattle. Regarde le clip et corrige les deux erreurs.

Charlie a dit que Seattle est une très belle ville et qu'il y avait une bonne ambiance. Charlie a adoré. Il était le seul étudiant étranger*. Il n'y avait pas de bons joueurs. C'était vraiment nul.

*foreign student

7a Voici la dernière question de l'interview. Regarde le clip encore une fois et mets la réponse de Charlie dans l'ordre. Vérifie.

- Tu vas devenir professionnel un jour?
- et ça, c'est vraiment excitant
- Ah, ça, si c'est le destin*, j'espère.
- et donc tu es toujours obligé d'essayer*
- Alors, moi, j'adore le basket,
- parce que c'est le sport le plus technique au monde, je pense
- de progresser, de progresser, de progresser

*you always have to try
destiny

7b Traduis la réponse en anglais.

8 Et toi, tu aimerais être basketteur / basketteuse comme Charlie? Donne tes raisons. Donne tes opinions sur: le sport, l'emploi du temps, l'entraînement.

Exemple *Moi aussi, j'aimerais être basketteur / basketteuse devenir professionnel(le) comme Charlie. J'adore le sport surtout le basket et...*

 Non, je n'aimerais pas être basketteur / basketteuse. Je ne voudrais pas faire l'entraînement, c'est trop fatigant et...

Défi!
Imagine: tu es basketteur / basketteuse et tu as joué samedi dernier. Décris ta journée.

Exemple *Alors, je me suis levé(e) à ... heures et je me suis....*

trente-cinq 35

2.5 Labo-langue

The perfect tense – le passé composé

- This is the main tense used to talk about what you **did** or **have done** in the past. It is made up of two parts: the **auxiliary** (equivalent to 'have / has') + the **past participle** (played, travelled, etc.).
- The auxiliary is usually *avoir*, but it is sometimes *être* – see below.

j'ai joué	**nous avons** joué
tu as joué	**vous avez** joué
il/elle/on a joué	**ils/elles ont** joué

- The past participle of regular verbs ends in -é, -i or –u:
  jou**er** → jou**é**   fin**ir** → fin**i**   vend**re** → vend**u**
- Many common verbs have irregular past participles that you need to learn by heart. See *Grammaire* page 137.

1 Copy each sentence, putting the verb in the perfect tense; then add the English translation.

Example **a** Il *a participé* aux Jeux Olympiques.
He took part in the Olympic Games.

Regular verbs

a   Il ✶✶ [participer] aux Jeux Olympiques.
b   Nous ✶✶ [finir] le match à 17 heures.
c   Elles ✶✶ [vendre] un DVD amusant.
d   ✶✶-vous [acheter] un nouveau CD?
e   J'✶✶ [choisir] un gâteau au chocolat.

Irregular verbs

f   Qu'est-ce que tu ✶✶ [faire]?
g   On ✶✶ [apprendre] beaucoup de choses.
h   Le capitaine ✶✶ [dire] «Bonne chance».
i   Vous ✶✶ [voir] le dernier film de Mr Bean?
j   Léa et Luc ✶✶ [mettre] leur jogging.

The perfect tense with *être*

- A group of common verbs use *être* as the auxiliary, instead of *avoir*. These verbs are mostly **to do with coming and going:** *aller, venir, arriver, partir, entrer, sortir, monter, descendre*. See *Grammaire* page 137.
- The past participle of verbs with *être* has to 'agree' with the subject (the person doing the verb). If the subject is feminine, add **-e**; if it's plural, add **-s**; if it's feminine and plural, add **-es**.

Je suis arrivé. (boy speaking)   Luc **est arrivé.**
Je suis arrivée. (girl speaking)   Lucie **est arrivée.**
Les garçons **sont arrivés.**
Les filles **sont arrivées.**

2 Copy each sentence, putting the verb in the perfect tense; then add the English translation.

Example **a** Je suis sorti(e) de la maison. I left home.

a   Je ✶✶ [sortir] de la maison.
b   Ils ✶✶ [partir] à cinq heures.
c   Nathalie, tu ✶✶ [rester] chez toi?
d   Les skieurs ✶✶ [descendre] à toute vitesse.
e   Marc ✶✶ [venir] au concert avec son amie.

⚠ In the negative, **ne ... pas** goes round the auxiliary: Elle **n'**est **pas** arrivée. *She didn't arrive / She hasn't arrived.*

trente-six   Visit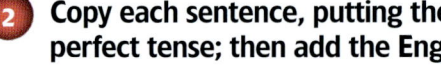

Labo-langue 2.5

The perfect tense of reflexive verbs

- Use *être* as the auxiliary.
- Make the past participle agree with the subject.
- Put the reflexive pronoun before the auxiliary.

je me suis levé/levée	nous nous sommes levés/levées
tu t'es levé/levée	vous vous êtes levé/levée/levés/levées
il s'est levé	ils se sont levés
elle s'est levée	elles se sont levées
on s'est levé/levée/levés/levées	

  ⚠ Think about who the verb is referring to:
  - *je, tu, on, nous* and *vous* can all be masculine or feminine.
- *vous* can be singular or plural.
- In the negative, *ne... pas* goes round the reflexive pronoun and the auxiliary:
  Il **ne** s'est **pas** levé. *He didn't get up/He hasn't got up.*

3 Write out these sentences, putting the verbs into the perfect tense.

Example **a** *Noé s'est douché après le match.*

a Noé se douche après le match.
b Lundi matin, Natacha se lève à six heures.
c Luc et Max se dépêchent pour aller au stade.
d Charlotte ne s'amuse pas au match de rugby.
e Vous vous couchez à quelle heure, M. Durand?

Using the perfect and imperfect tenses together

Use the perfect tense (**le passé composé**):
- to say what **happened** or **has happened**.
- to say what someone **did** or **has done**.

Use the imperfect tense (**l'imparfait**):
- to **describe** what something or someone **was** like.
- to say what **was** happen**ing** (when something else happened).

To emphasise that something **was still going on** when something else **happened**, use the **imperfect** and the **perfect** in the same sentence:
Je **faisais** mes devoirs quand elle **a téléphoné**.
I was doing my homework when she phoned.

The most common verbs you will meet in the imperfect are these three:
avoir   j'avais, on avait, il y avait, ils avaient
être   j'étais, elle était, c'était, ils étaient
faire   je faisais, il faisait, ils faisaient

4 Write out the sentences, deciding whether each verb should be in the perfect or imperfect tense.

Example **a** *Il faisait très beau, alors nous sommes allés au parc.*

a Il [faire] très beau, alors nous [aller] au parc.
b Il [faire] mauvais, mais nous [gagner] 3–1.
c Elle [voir] son acteur préféré. C'[être] super!
d Il [rater] le spectacle parce qu'il [avoir] mal à la tête.
e Je [se lever] à cinq heures et on [partir] à six heures. Heureusement, il [faire] beau.

trente-sept 37

2.6 clic-forum — Listening

A When people speak French, all the words seem to come out as one long sound and I can't understand what they're saying.

B Is there anything I can do to help with listening activities in class?

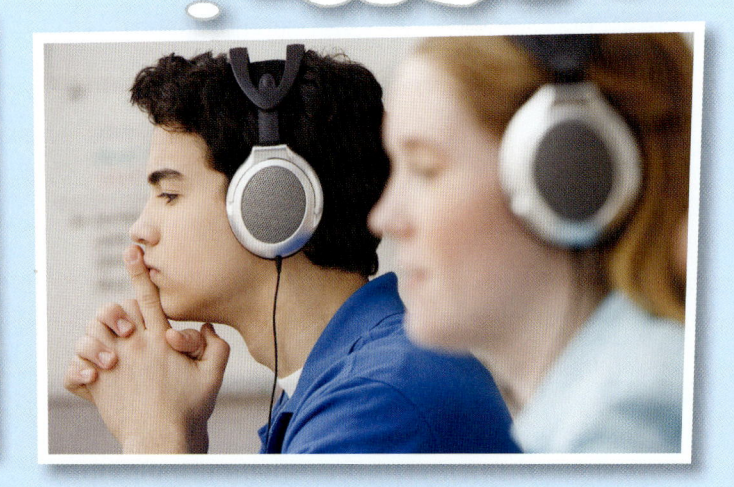

Sometimes French people speak quickly.
- Why not ask them (politely!) to speak more slowly? Use the correct form of the verb (*tu* or *vous*) for the person you are talking to:
  → *Parlez plus lentement, s'il vous plaît.*
  → *Je n'ai pas compris. Tu peux parler plus lentement, s'il te plaît?*
- Try to get the **general sense** of what someone is saying without having to understand every single word.

Listen to the tone of voice.
- **Intonation** is about the way the voice goes up and down. It can tell you whether someone is making a statement or asking a question.
  Matthieu a gagné. → *Matthew won.*
  Matthieu a gagné? → *Did Matthew win?*

If you're doing a listening exercise, give yourself a head start by good **preparation**:
- Read the **questions** so you know what you have to do.
- Look at any **images** – they're there to help you.
- Read the **examples** – they provide clues.
- Try to **predict** the words you might hear.
  While you're listening, make **brief notes** – no sentences, just key words and phrases.

1a Listen and decide what each person (1–3) is talking about: horse racing, cycling or a soap opera.

1b Listen again and note down as many details as you can.

2 Listen and note which people (1–7) are asking a question.

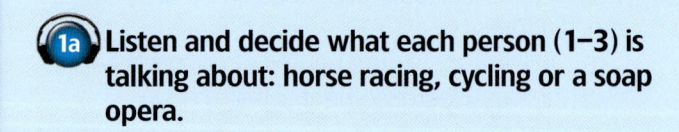

3 Find out what these words and phrases mean, then write a sentence in French for each one.
- a assister à
- b blessé
- c un bal populaire
- d une journée (clue: at one time a 'journey' was how far you could travel in one day)

38 trente-huit

Tu sais tout?

clic! TEST

2.6

Écoute!

1 Listen to a conversation between Ludovic and Chris. Read the sentences and find the five that are correct.

1. Ludovic went to the cinema on Saturday night.
2. His pen pal is called Laura.
3. She comes from Leeds.
4. They saw Shrek 2.
5. It was funny and creative.
6. Ludovic didn't like the film.
7. Chris enjoyed watching TV on Saturday night.
8. Chris and his father went to see a match on Sunday.
9. Bordeaux was playing against Calais.
10. It was a great match because Bordeaux won.

Lis!

2 Read the text and answer the questions in French.

1. What did Julie do on Saturday lunchtime?
2. Why?
3. How many people were there in her team?
4. When was the start?
5. With whom did Julie skate for eight hours?
6. Did she get up at midnight?
7. Into how many groups did Julie and her friends break?
8. What time did Julie arrive?
9. Did Julie's team finish in first place?
10. How was the atmosphere?

Parle!

3a Choose three types of TV programmes that you like and three that you don't like. Give reasons.

Example *Alors, j'aime bien les feuilletons parce que... et... mais je déteste... parce que...*

3b Imagine you love doing a sport: choose which one and make up the details. Work out how you'd answer the questions below and say your sentences to your partner.

- C'est quel sport?
- C'est comment?
- Tu fais ton sport où et quand?
- Et l'année dernière?
- C'était comment?
- Tu as gagné?

Écris!

4 Choose a topic and write a paragraph about:

a. a visit to the cinema.
b. your favourite film when you were little.

Example *Samedi dernier, je suis allé(e)...J'ai vu... Ça raconte l'histoire de... Quand j'étais petit(e), mon film préféré c'était... Ça raconte...*

Julie et la course des 24 heures du Mans Rollers

Voici l'histoire de Julie et son équipe de rollerskateurs. Samedi dernier, Julie s'est levée à midi! Pourquoi? Parce c'était les 24 heures du Mans Rollers. Elle faisait partie d'une équipe de dix – les équipes étaient composées de deux à dix personnes.

À 16 heures, c'était le départ pour plus de cinq mille équipes. Julie et ses 10 copains ont participé pendant huit heures, jusqu'à minuit. Puis ils ont fait deux groupes de cinq rollerskateurs. Le premier groupe a fait quatre heures, et le deuxième groupe a dormi. Ensuite le premier groupe a dormi et le deuxième a fait quatre heures.

C'était long, et à minuit, Julie a dormi pendant quatre heures. À l'arrivée, à quatre heures, ils étaient très contents. Ils n'ont pas gagné, mais l'ambiance était extraordinaire.

trente-neuf 39

2.7 Quel dilemme!

Lecture

Une occasion à ne pas rater...

Vendredi, 19 heures. Louis était tout content: il attendait sa petite amie Anne-Laure, au centre-ville. Sa petite amie? Enfin, non, pas encore! Elle a accepté son invitation au cinéma, alors peut-être? Ils allaient voir un grand film, une histoire d'amour, et après...?

Anne-Laure est arrivée très en retard.

«Salut, Louis! Je suis vraiment désolée, j'ai raté le bus,» et déjà elle lui faisait une bise*. Puis elle lui a pris la main, toute contente: «Viens, on va voir le film? C'est sympa de m'inviter au cinéma,» et elle lui a refait une bise. Il a presque rougi.

«C'est pas vrai!» s'est-il dit, elle m'a embrassé deux fois déjà!

«J'ai deux billets pour le match France-Italie demain au Stade de France. Je sais que tu es vraiment fana de foot – moi aussi.»

«Quoi?! Tu as des billets pour le match de demain?!»

«Oui. Tu viens avec moi?»

«Oui!... Enfin, non... Demain? Euh, je ne sais pas...»

«Tu ne sais pas?» a-t-elle dit, déçue. «Si tu ne peux pas venir, je peux inviter Antonin. Il adore le foot et...»

«Non! N'invite pas Antonin! Je voudrais venir au match avec toi, mais...»

«Mais quoi? Tu ne veux pas sortir avec moi?» et elle lui a refait une bise pour la troisième fois.

«Oh si! Mais demain, c'est l'anniversaire de ma grand-mère. Elle a 80 ans,» a expliqué Louis.

«Oui, et alors?»

«Toute la famille fête son anniversaire chez elle demain. Mais moi, je préfère aller au match avec toi...»

*elle lui faisait une bise = she was kissing him on the cheek

1 Trouve le français:

a he was waiting
b they were going to watch a great film
c a love story
d he almost blushed
e disappointed
f she missed the bus
g she kissed him again
h it's nice of you to invite me to the cinema
i at her house

2 Imagine que tu es Anne-Laure. Choisis ta réponse.

«Mais, tu ne peux pas aller au match! Tu n'as pas honte? Ta pauvre grand-mère!»

«C'est pas grave. Tu peux aller la voir dimanche, non?»

«D'accord, je vais au match avec Antonin.»

«Dis à tes parents que c'était de ma faute, que j'ai insisté.»

«Tu vas manquer son anniversaire pour moi?! C'est super sympa! Je t'adore!»

«Tu m'invites pour fêter l'anniversaire de ta grand-mère?»

clic-mag

Lecture 2.7

La télé? C'est pour les adultes!

Mon père me dit toujours: «Axel, ne regarde pas la télé réalité, ce n'est pas intéressant!»
Ma mère me demande: «Tu regardes toujours les dessins animés? Mais c'est pour les petits.» «Oh non, Axel, encore une émission musicale? Le rap, je déteste ça!» Et ça continue. «Non, Axel, tu ne vas pas regarder ce jeu télévisé, c'est trop bête.» «Quoi? Encore une série idiote? S'il te plaît, éteins la télé et va faire du sport!»
Pas de problème, j'adore le sport. ET OUI! Je sais que la télé, c'est bête – j'ai HORREUR de ça! Les jeux, les feuilletons avec des acteurs nuls, ça m'ennuie. Franchement, la télé, ça ne me dit absolument rien!

Qu'est-ce qu'il y a d'intéressant à la télé? La pub, c'est tout – c'est marrant et créatif. Le reste, c'est pas pour les jeunes, c'est pour les adultes! Et moi, je ne dis pas à mes parents: «Papa, maman, ne regardez pas la télé réalité, c'est bête!» Mais je sais bien qu'ils regardent les émissions de Loft Story*. Ils regardent aussi les séries, les téléfilms et les feuilletons – ils adorent ça!
Personnellement, je préfère mes jeux de console et l'Internet. C'est marrant, c'est interactif, c'est éducatif même.
Et qu'est-ce que j'entends? «Axel, tu passes trop de temps avec tes jeux vidéo; c'est nul, ça!» Mes jeux vidéo maintenant?! Ah, les parents, ils m'énervent!

*Loft Story – une émission de télé-réalité comme 'Big Brother'

1 Trouve les expressions en français:

a and so on and so on
b turn the TV off
c I loathe it!
d frankly
e it's even educational
f they get on my nerves
g publicity
h don't watch reality TV
i stupid
j personally
h you spend too much time

2 Quelle est ton opinion? Choisis une réponse et donne des raisons et des exemples.

– Je suis d'accord avec Axel. La télé, c'est nul!
– Je ne suis pas d'accord avec Axel. Il y a de bonnes émissions.
– J'aime bien certaines émissions mais pas toutes.

Vocabulaire

La télévision	Television	Au grand écran	On the big screen
un dessin animé	cartoon	une comédie	a comedy
un documentaire	documentary	un film d'action	action film
une émission de télé réalité	reality TV	un film d'amour	romantic film / love story
une émission musicale	music programme	un film de guerre	war film
une émission sportive	sports programme	un film d'horreur	horror film
un feuilleton	soap (opera)	un film de science-fiction	a science-fiction film
un film	a film	un policier	detective story / crime caper
les informations	news		
un jeu télévisé	TV gameshow	un western	a western
la météo	weather	les personnages	the characters
une pub(licité)	ad(vertisement)	l'histoire	the story
une série	a series	les effets spéciaux	the special effects
J'adore	I love	J'ai aimé	I liked
J'aime bien	I like	c'était	it was
Je déteste les feuilletons / la télé réalité!	I hate soaps / reality TV!	ils / elles étaient	they were
		il y avait	there was / were
génial	great	Quel genre de film?	What sort of film?
marrant	funny	un film à voir / à éviter	a must-see film / a film to miss
bête	stupid		
Je n'aime pas (du tout)	I don't like (at all)	J'ai trouvé le film trop long / très excitant.	I found the film too long / very exciting.
J'ai horreur de / des…	I hate…		
Les acteurs sont très réalistes / intéressants / affreux.	The actors are very true-to-life / interesting / terrible	Les effets spéciaux étaient nuls / géniaux.	The special effects were useless / brilliant.
la TNT (Télévision Numérique Terrestre)	digital TV	beaucoup d'humour et des scènes terrifiantes!	lots of humour and some terrifying scenes!
en direct	live	Mon acteur (actrice) préféré(e)	My favourite actor.
Certaines émissions sont bonnes / mauvaises.	Some programmes are good / bad	Mon film préféré	My favourite film
		Le personnage principal s'appelle…	The main character is called…
trop de pubs sur toutes les chaînes	too many ads on all of the channels	C'est l'histoire de…	It's a story about…

Vocabulaire 2.8

Le sport en rêve	**Dream sports**
en automne	in (the) autumn
en hiver	in (the) winter
en été	in (the) summer
au printemps	in (the) spring
J'ai participé	I took part
J'étais…	I was…
Je n'ai pas gagné.	I didn't win.
arbitre	referee / umpire
entraîneur / entraîneuse	coach / trainer
joueur / joueuse	player
spectateur / spectatrice	spectator
l'ambiance	the atmosphere
le championnat	championship
l'année dernière	last year

1 Make up as many sentences as you can about the pictures using the words / phrases on this page.

quarante-trois 43

Pourquoi apprendre le français?

Pour visiter un pays francophone

Où est Monsieur Bean?

Il voyage comment?

Et toi, tu aimes voyager comment? Pourquoi?

Voir page 46.

Quelles sont les meilleures vacances pour toi? Fais le jeu-test.

Tu vas en France. Où dormir?

Voir pages 48–49.

Le Stade de France: c'est où? C'est quoi?

Le Centre Pompidou: qu'est-ce que c'est?

Voir pages 50–51.

44 quarante-quatre

omme voyages 3

Cyrielle, 19 ans, stagiaire dans un office du tourisme

Quels sont les points forts de son travail?

Et les points faibles?

Voir page 52.

Lire en français, tu trouves ça difficile?

Des trucs pas bêtes

Voir page 56.

Qui est-il?
Où habite-t-il?

Pourquoi est-il en danger?

Voir page 59.

À la fin de l'unité 3, reviens ici et réponds aux questions!

quarante-cinq 45

3.1 On y va?

● Choosing how to travel

1 À deux: Écrivez l'alphabet des transports: *A comme avion, B comme billet,...*

Monsieur Bean prend le train.

Monsieur Bean prend le vélo.

Monsieur Bean prend la mobylette.

Monsieur Bean va en France. Son voyage est plein de catastrophes.

2a Lis la légende ci-dessous. C'est quelle photo?

Monsieur Bean passe des vacances dans le sud de la France. Il est à la gare. Il prend le train.

2b Invente des légendes pour les photos qui restent. Des volontaires lisent leur légende à la classe. La classe vote pour la meilleure légende.

3 Tu aimes voyager comment?
1 Écoute et note les huit transports dans l'ordre.
2 Réécoute et note les adjectifs.

Exemple *la voiture: rapide, confortable...*

1	l'avion		intéressant
2	le bateau		cher
3	le car		confortable
4	la mobylette	c'est	long
5	le taxi		écolo
6	le train		fatigant
7	le vélo		rapide
8	la voiture		amusant
			pratique

4 À deux: attribuez deux des adjectifs (à droite) à chaque moyen de transport (1–8). Utilisez chaque adjectif un maximum de deux fois.

Exemple **A** *La voiture, c'est rapide.*
B *Oui, mais l'avion et le train, c'est rapide aussi, etc.*

46 quarante-six

On y va?

5a Lis et écoute la conversation. Choisis un titre.
a Malika et ses copains partent en avion
b Quatre amis organisent un week-end en Angleterre
c Des jeunes Français décrivent leur voyage

Malika: Il faut faire quelques préparatifs pour ce voyage à Oxford, non? **On y va en bateau?**

Simon: Ah non, le bateau, c'est long. L'avion, c'est mieux. C'est plus rapide que le bateau, et c'est plus confortable.

Malika: Mais c'est beaucoup moins cher que l'avion!

Nico: Et tu sais, l'avion n'est pas très écolo.

Clara: Alors Simon ne veut pas prendre le bateau,…

Simon: Et Nico ne veut pas prendre l'avion parce que c'est mauvais pour l'environnement.

Clara: **On y va en train, alors?** On peut prendre l'Eurostar. Pour ça, il faut aller à la Gare du Nord. **On peut y aller en métro ou en taxi.**

Nico: L'Eurostar? Ah oui. Ça passe par le tunnel sous la Manche. C'est cool.

Malika: Et regardez l'horaire… Si on prend l'Eurostar de 10 h 13, on arrive à Londres à 11 h 28. **On y est donc en deux heures quinze minutes!** C'est génial, non?

Simon: Alors, c'est décidé! Malika, tu vas sur Internet?

Malika: Oui, **d'accord**.

5b À deux: discutez et choisissez un moyen de transport.
a cinéma [le bus, le vélo, le taxi]
b Paris [l'avion, le bateau, le train]
c bord de la mer [la voiture, le car, la mobylette]

Exemple **A** Pour aller au cinéma, je préfère prendre le vélo.
B Mais le vélo est moins pratique que le bus.

6 Grammaire: Translate the sentences in bold. What does the word 'y' represent?

Exemple *On y va en bateau?*
= Are we going there by boat? (i.e. to Oxford)

7 Grammaire: réponds par 'oui' et 'non' en utilisant 'y'.

Exemple *Tu vas en France? > Oui, j'y vais. / Non, je n'y vais pas.*

a Tu montes à la tour Eiffel?
b Vous habitez en Écosse?
c Elle mange souvent au restaurant?
d Ils vont au cinéma demain?

Grammaire

Rappel: Pour comparer *(le comparatif)*

plus
moins } + adjectif + que

*Le train est **plus** écolo **que** la voiture.*
= The train is **more** environmentally-friendly than the car.

⚠ **Deux exceptions:**
bon (good) > **mieux** (better)
*La voiture est **mieux** que le car.*
= The car is **better** than the coach.
mauvais (bad) > **pire** (worse)
*Le bateau est **pire** que l'avion.*
= The boat is **worse** than the plane.

Grammaire

The pronoun **'y'** = **à** or **en** + a place
'y' meaning 'there' is used to avoid repeating the name of a place.
*Tu vas **à la gare**? > Oui, j' **y** vais.*
*On va **en France**? > Oui, on **y** va.*
*Ils habitent au Canada? > Non, ils n'**y** habitent plus.*
'y' always comes before the verb.

⚠ Before **'y'**, *je = j'* and *ne = n'*
J'y vais souvent. Je n'y vais pas souvent.

Visit Clic! OxBox

quarante-sept 47

3.2 Où dormir?

• Choosing holiday accommodation

Jeu-test: Les meilleures vacances pour toi

1 Votre destination de vacances idéale?
a La Côte d'Azur, parce que c'est l'endroit le plus chic de France.
b La montagne ou la campagne, parce qu'on y a des aventures.
c Là où vous allez tous les ans, parce que vous y retrouvez vos copains.

2 Votre formule d'hébergement préférée?
a Un hôtel cinq étoiles, parce que c'est la formule la plus confortable.
b Un camping sympa, parce que c'est la formule la moins chère.
c Loger chez l'habitant, parce que c'est la formule la plus intéressante.

3 Vos activités de vacances préférées?
a La meilleure activité, c'est de bronzer à la piscine. La pire, c'est de faire du sport.
b Sortir le plus souvent possible pour découvrir la région.
c Se connecter le plus souvent à Internet pour discuter avec les copains

4 Votre réaction le dernier jour des vacances?
a «Pas mal! On revient l'année prochaine?»
b «Elles étaient les meilleures vacances de ma vie.»
c «Super, je préfère être à la maison.»

1 Lis le jeu-test et trouve comment dire:

a the place you go every year
b your favourite type of accommodation
c staying in a bed and breakfast
d going out as often as possible
e staying at a private home
f the most comfortable formula
g the best holiday of my life
h you meet up with your friends again

Exemple *l'endroit le plus chic* = the most chic place

1b Écoute Léa et note ses réponses au jeu-test.

1c Fais le jeu-test. Lis l'analyse. Que penses-tu des suggestions?

Analyse
Une majorité de a: Pour vous, le plus important, c'est le luxe. Relaxez-vous sur la Côte d'Azur ou allez à Hollywood.
Une majorité de b: Vous aimez l'aventure et les nouveautés. Choisissez les vacances les plus actives, dans les Alpes ou au Maroc.
Une majorité de c: Pourquoi partir quand les choses que vous aimez le plus sont à la maison? Restez chez vous.

Grammaire

Le superlatif
To say 'the most', use:
le, la or ***les*** + ***plus*** + adjective or adverb
l'endroit le plus chic = the most chic place
C'est l'activité la plus intéressante.
= It's the most interesting activity.
To say 'the least', use:
le, la or ***les*** + ***moins*** + adjective or adverb
les billets les moins chers
= the least expensive tickets

⚠ Adjectives that come before the noun stay before the noun and, as always, the adjective must agree with the noun.

BEST le **meilleur** conseil = the best piece of advice
les **meilleures** photos = the best photos
WORST le **pire** hôtel = the worst hotel
les **pires** accidents = the worst accidents

48 quarante-huit

Où dormir? 3.2

Romain: Cet été, on va louer un gîte au bord de la mer, dans le sud-ouest de la France. On devait partir en caravane mais ma mère pense qu'une maison, c'est plus confortable qu'une caravane. Mon beau-père veut aller dans un hôtel, mais, à l'hôtel, on est moins libre. L'année dernière, nous sommes allés en chambre d'hôte en Bretagne. C'était sympa parce que la dame nous recommandait les meilleures attractions de la région, les meilleurs restaurants, etc.

Malika: L'année dernière, je suis allée à Sarlat, dans le Périgord, avec mes parents. On y a fait du camping pendant deux semaines. C'était génial. La plus grande attraction pour moi, c'était la piscine. Mais le pire, c'était de traverser un champ pour aller au bloc sanitaire. Cette année, je vais aller avec des copains à Oxford, en Angleterre. On va loger dans une auberge de jeunesse.

2 Lis les bulles. Vrai, faux ou la réponse n'est pas dans le texte?

a Malika liked the swimming pool at the campsite.
b She didn't mind walking trough the field to the toilet block.
c Staying in a hotel gives you more freedom than staying in a caravan.
d Romain's mother prefers to stay in a gîte than in a caravane.
e Romain liked his holiday in Brittany.
f Malika went to England when she was younger.
g She enjoyed her holiday in Sarlat.
h Romain did some surfing last year.

3 Jeu de mémoire: Malika ou Romain? (B→A)

Exemple A *J'ai bien aimé la piscine du camping.*
B *Tu es Malika.* A *Oui.*

4 Note les aspects positifs et négatifs de chaque type d'hébergement.

Exemple Faire du camping: vivre en plein air

5a Décris un voyage (réel ou imaginaire).

– Tu es allé(e) où? – Tu as logé où? Pourquoi?
– C'était comment? – Ajoute d'autres détails.

5b Interviewe ton / ta partenaire pour découvrir les détails de son voyage.

Hôtel Frank Zurich ★★★
69 chambres, 67 € et plus. Restaurant.
/ 69 rooms €67. Restaurant.
31 rue Paganini 04 93 88 36 77

Hôtel Georges ★★★
18 chambres, 54 à 79 €. Parking, garage. 18 rooms €54/79.
Parking, garage.
3 rue Henri Cordier 04 93 86 23 41

L'année dernière / L'été dernier	je suis allée à... en...	
J'ai	fait du camping. loué un gîte. logé en chambre d'hôte.	
Je suis	parti(e)	en caravane.
	allé(e)	dans une auberge de jeunesse (une AJ). un hôtel.
C'était Ce n'était pas	super snob confortable pratique cher génial sympa nul	
Le pire Le mieux	c'était...	

quarante-neuf 49

3.3 En balade à Paris
● Visiting Paris

Vous pouvez me recommander une visite?
Vous pouvez visiter la tour Eiffel.

C'est où?
C'est dans l'ouest de Paris.

Quelle est la station de métro la plus proche?
Il y a la station de métro Champ de Mars–Tour Eiffel.

Ça ouvre à quelle heure?
En été, c'est ouvert de 9 heures à minuit.

Ça coûte combien?
C'est 11,50 euros pour un adulte et 6,30 euros pour un enfant si on monte au sommet.

Qu'est-ce qu'on y fait?
Vous pouvez monter en haut de la tour pour avoir une belle vue sur Paris.

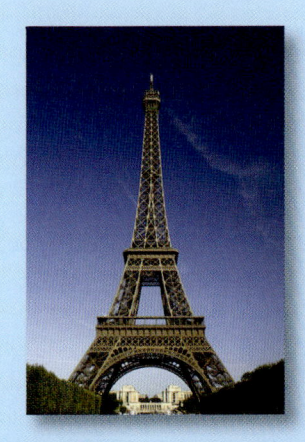

La tour Eiffel
Montez au sommet de la tour. Du troisième étage, admirez la belle vue sur tout Paris.
Ouverture de 9 h à minuit (mai-juin – fin août)
Prix:
adulte: 11,50 euros,
enfant: 6,30 euros
Comment y aller: Située sur le Champ de Mars, dans l'ouest de Paris.
Métro: station Champ de Mars–Tour Eiffel

Le Centre Georges Pompidou
Admirez l'architecture moderne, visitez le Musée National d'Art Moderne, et allez voir une exposition, un film ou un concert.
Ouverture tous les jours de 11 h à 21 h. Fermé le mardi.
Prix: 10 euros
Comment y aller: Situé place Beaubourg, dans le centre de Paris.
Métro: station Rambuteau

La Cité des Sciences et de l'Industrie
Découvrez les sciences, visitez le planétarium, regardez un film IMAX à la Géode.
Ouvert de 10 h à 18 h (dimanche à 19 h).
Fermé le lundi.
Prix: (pour un film IMAX) 9 euros plein tarif, 7 euros tarif réduit
Comment y aller:
Située à La Villette, dans le nord-est de Paris.
Métro: station Porte de la Villette

1 Écoute et lis. Note:
a in which part of Paris the Eiffel Tower is situated
b the name of the nearest underground station
c the opening hours
d the cost

2 À deux: adaptez le dialogue aux deux annonces qui restent.

Exemple A *Vous pouvez me recommander une visite?*
B *Vous pouvez visiter le Centre Georges Pompidou, etc.*

3 À deux: décidez:
a l'attraction la plus chère pour un adulte.
b l'attraction la moins chère pour un enfant.
c l'attraction qui a les heures d'ouverture les plus longues.
d l'attraction la plus intéressante.

Exemple *La tour Eiffel coûte 11,50 euros pour un adulte.*

50 cinquante

En balade à Paris 3.3

Forum-Internet

Nico:
Salut, les fanas de foot! Si, comme moi, vous adorez le foot, vous devez absolument aller au Stade de France. J'y suis allé la semaine dernière, et c'était super intéressant!

Le stade est au nord de Paris. Nous y sommes allés en voiture, mais on peut aussi y aller en métro. La station la plus proche, c'est Saint-Denis-Porte de Paris.

J'étais un peu surpris d'apprendre que le stade n'est pas uniquement pour les matchs de foot et de rugby. Il y a des concerts et d'autres spectacles. En fait, c'est la plus grande salle de spectacles en plein air de France, avec 100 000 places de concert.

On a vu une exposition sur la construction du stade et le football en général.

Pour moi, la visite était trop courte. La prochaine fois, je vais faire une visite plus longue. Je vais aller au bord de la pelouse* et visiter les vestiaires* des joueurs. J'ai trop hâte!

*the pitch
the changing rooms

Le Stade de France

4 Lis l'email. Pourquoi Nico veut-il retourner au Stade?

5 Écoute et réponds aux questions de la copine de Nico.

6 Grammaire: Nico décrit une visite au passé.
Find all the verbs in the perfect and imperfect tense (see pages 36 and 37).

7 Décris une visite (réelle ou imaginaire).
Tu es allé(e) où / quand / comment? Qu'est-ce que tu as vu / fait? C'était comment?

La semaine dernière, Le mois dernier, Samedi dernier,	je suis allé(e)	à... au...
J'ai	vu... regardé... fait...	
Je suis	allé(e)... resté(e)...	
C'était...		

cinquante-et-un 51

3.4 C'est la vie!

1 Avant de regarder le clip, choisis trois endroits que tu vas peut-être voir. Ensuite, regarde le clip pour vérifier.

a un office du tourisme
b une église
c un marché aux poissons
d un port
e un jardin public
f une île

2 Lis les commentaires de Cyrielle. Ils sont positifs ou négatifs?

a «Je trouve mon travail assez agréable. Je fais de l'accueil* – je renseigne les visiteurs.» *reception
b «Je déteste travailler le samedi: toutes mes copines vont en ville mais pas moi!»
c «Je vends des cartes postales et des plans de la ville. C'est sympa et c'est une bonne expérience pour moi.»
d «Ranger les brochures, c'est ennuyeux. En plus, je ne suis pas très organisée!»
e «Le pire, c'est de faire les photocopies. C'est toujours moi qui les fais!»
f «Je réponds aux emails et je trouve ça intéressant.»

3 Relie les commentaires (a–f) aux points (1–6) de la description de poste de Cyrielle.

Cyrielle, 19 ans, stagiaire à l'office du tourisme de Marseille.

Description de poste: **stagiaire**
1 Jours de travail: du mercredi au samedi
2 Répondre aux questions des visiteurs au bureau
3 Répondre aux questions par courrier électronique
4 S'occuper des photocopies et mailings
5 Ranger les publications
6 Vendre plans de la ville, livres, cartes postales et souvenirs

C'est la vie! 3.4

Pour ceux qui veulent savoir

Des visites commentées, à pied ou en car de 5 à 14 €
Le stade Vélodrome, le Panier "plus vieux quartier de Marseille", l'Estaque et ses peintres, Notre Dame de la Garde, sur les pas de Marcel Pagnol.

4 Regarde le clip encore et note le plus possible de détails pour répondre aux questions a–h.

Le badge de Cyrielle a des petits drapeaux. Qu'est-ce qu'ils veulent dire?

a Tu travailles où?
b Tu travailles quand?
c Comment tu trouves le travail?
d Qu'est-ce que tu fais exactement?
e Qui sont les touristes?
f Tu parles quelles langues?
g Qu'est-ce qu'il y a à faire dans ta ville?
h Quelle est la meilleure façon de visiter Marseille?

Les questions
Qu'est-ce que + verbe… *?* = What…?
Qui? = Who…?
Quand? = When…?
Comment? = How…?
Pourquoi? = Why…?
Où? = Where…?
Quel (Quelle / Quels / Quelles)… + nom… *?* = What / which…?
Combien? = How much / How many…?

5 À deux: comparez vos notes de l'activité 4. Recréez l'interview. Écrivez votre version.

6 À deux: jouez votre interview. La classe vote. Qui a l'interview la plus proche de l'original?

7 Imagine que tu es stagiaire à l'office du tourisme de ta ville. Réponds aux questions a-h (activité 4).

Exemple *Je travaille à l'office du tourisme de Bradford. Je travaille le lundi et le mardi…, etc.*

Le sais-tu?
- Marseille est la deuxième ville de France, après Paris.
- C'est le plus grand port commercial de France.
- Des films tournés (en partie) à Marseille: *The French Connection, The Bourne Identity, Love Actually, The Devil Wears Prada.*

Visit Clic! OxBox

cinquante-trois 53

3.5 Labo-langue

Verb + infinitive

Q: What is an infinitive?

A: The form of the verb that ends −er, -ir or −re is the **infinitive**. This is the form you find in a dictionary.

An **infinitive** can be used alone (often where English uses the −ing form of the verb).
Ton activité préférée, c'est quoi?
= What is your favourite activity?
Sortir *le plus souvent possible.*
= **Going out** as often as possible.

More often though, an infinitive follows another verb.

A *aller* + infinitive
To talk about the near future, something that will almost certainly happen, use: *aller* + infinitive

Je **vais** venir.   Nous **allons** venir.
Tu **vas** venir.   Vous **allez** venir.
Il/Elle/On **va** venir.   Ils/Elles **vont** venir.

Demain, je vais prendre le train.

1 Translate these sentences into English.
a Je vais organiser des vacances en France.
b Tu vas prendre l'avion jusqu'à Paris?
c Nos amis vont venir chez nous demain soir.
d Vous allez loger dans une auberge de jeunesse?
e Le film va commencer dans cinq minutes.
f Nous allons trouver un camping au bord de la mer.

2 Translate these sentences into French, using *aller* + infinitive.
a The train is going to leave.
b Are you going to come to the cinema with us?
c I'm not going to go to the station.
d My parents are going to arrive in ten minutes.
e We are going to visit the *Stade de France* tomorrow.
f My grandmother is going to live in England.

B *il faut* + infinitive
il faut (which means 'you have to'*)
or   } + infinitive
il ne faut pas ('you mustn't')

Il faut rentrer avant minuit. = You have to be back before midnight.
Il ne faut pas oublier les billets. = You mustn't forget the tickets.

il faut can also refer to other people: I have to, we have to, they have to, etc. The form does not need to change.

Il faut rentrer. = I have to go home.
Il faut acheter des billets. = We have to buy tickets.

3 Copy the paragraph, choosing an infinitive from the box to fill the gaps.

Tu veux faire du camping? D'abord, il faut [1] une tente. Ensuite, il faut [2] une liste des campings en France. Il faut [3] les campings où tu veux aller et il faut [4] à l'avance si possible. Avant de partir, il faut [5] à monter la tente!

choisir   réserver   acheter   apprendre   consulter

4 Invent answers to these questions using *il faut*.
a Comment va-t-on en France?
b Où prend-on le train?
c Comment est-ce que je trouve un bon hôtel?
d Qu'est-ce qu'il y a à faire dans ta ville?
e Qu'est-ce que je fais pour apprendre le français?

Labo-langue 3.5

C **aimer, vouloir, pouvoir + infinitive**

☺
J'aime sortir. = I like going out.
Je veux sortir. = I want to go out.
Je peux sortir. = I can go out.

☹
Je n'aime pas sortir. = I don't like going out.
Je ne veux pas sortir. = I don't want to go out.
Je ne peux pas sortir. = I can't go out.

See the full pattern of the present tense of these verbs on pages 144–145.

5 Put the words in the right order to make sentences.

a   j'aime vacances en partir
b   aller veux tu France en ?
c   prendre peuvent ils le train
d   visiter Paris on ne pas veut
e   restaurant manger au nous pouvons
f   voulez vous monuments voir les ?
g   réserver je chambre veux une
h   avec peut nous elle venir

6 Choose either *vouloir* or *pouvoir* and write a different sentence for each part of the verb.

je...   nous...
tu...   vous...
il...   ils...
elle...   elles...
on...

Exemple   *je veux écouter de la musique, tu...*

Tu ne veux pas **faire** comme moi?

D **pour + infinitive**
When *pour* means 'in order to' and is followed by a verb, that verb is always in the infinitive.

*J'ai téléphoné pour **réserver** une chambre.*
= I phoned (in order) to reserve a room.

7 Choose the correct ending for each sentence.

a   On va aller en France pour...
b   Il faut acheter un billet pour...
c   Je veux prendre un taxi pour...
d   Nous allons à l'office du tourisme pour...
e   Léo est sorti pour...

1   voir le match de foot.
2   demander une liste de campings.
3   apprendre le français.
4   rentrer à la maison.
5   acheter du pain.

Marc joue de la guitare pour **gagner** de l'argent.

Visit Clic! OxBox

cinquante-cinq 55

3.6 clic-forum — Reading longer texts

Reading French texts takes so long when you have to look up every word.

When I read, I always look for key words, like we're told, but sometimes it doesn't help.

Good news! You don't have to look up every word. In a long passage, it is most likely there will be a number of new words or phrases you will be able to work out.

- Before you start reading, make use of any clues: layout, pictures, title, introduction. Sometimes it helps to read through the questions or tasks first.
- Read the text through quite quickly at first, to try to get the gist. Skim over any words you don't understand.
- Is the word similar to an English word or another French word you know?
- Can you work out the meaning of an unknown word by looking at the words before and after it?
- Read the tasks or questions carefully. Re-read the text with these in mind, looking out for key words.

It is always a good idea to identify which are the key words in a text and what they mean.

However, your job does not stop there. Don't make the mistake of ignoring the little words. Here are some that can alter meaning.

ou (**or**)
et (**and**)
sans (**without**)
sauf (**except**)
plus (**more**)
moins (**less**)
avant (**before**)
après (**after**)

1 Work out the meaning of the underlined words. (Use a dictionary to check afterwards.) Which of the tips above did you use?

a Le président est arrivé <u>en hélicoptère</u>.
b Il y avait <u>des volcans</u> en France.
c Je cherche <u>le guichet</u> où on peut acheter les billets.
d On peut acheter un ticket de métro ou <u>un carnet</u> de dix tickets (c'est moins cher).
e Il y a trop de <u>publicités</u> entre les émissions à la télé.

2 Turn to page 59. Use the advice above. Discuss with a partner if any of the tips were helpful.

3 The key word(s) alone will not help you understand these sentences. Identify the little words that are important and answer the questions in English.

a Mon père est arrivé après minuit.
Do we know the precise time he arrived?
b Il faut un passeport et un visa pour aller aux USA.
Do you need both or just one?
c Je prends des euros ou des chèques de voyage?
Does the speaker think both are necessary?
d Le car est parti sans nous.
Did they go in the coach?
e J'aime tous les sports, sauf le tennis.
Does the speaker like tennis?

56 cinquante-six

Tu sais tout?

clic! TEST 3.6

Écoute!

1a Listen and note in English for each speaker:
- a the means of transport
- b why they chose it

Example *1 car / more comfortable than train*

1b Listen again and note one more thing each speaker says.

Example *1 going to Paris on Saturday*

Lis!

2 Read the email and answer the questions in English.
- a Where did Valentin spend his holidays this year?
- b Do you think he liked his stay at the hotel? Give one reason.
- c What did he do during last year's holidays?
- d Did Valentin prefer camping or staying in a hotel? Explain your response.
- e What was his favourite activity in the mountains?
- f Does Valentin prefer the countryside or the mountains? Explain.
- g Where is he going to stay in Paris?
- h What is he going to do in Paris?

Cette année, pendant les grandes vacances, je suis allé dans un hôtel à la montagne. J'avais une chambre à moi et c'était très confortable, mais c'était un peu ennuyeux parce qu'il n'y avait pas de jeunes de mon âge.

L'année dernière, c'était mieux. Avec ma famille, on a fait du camping à la campagne. Le camping, c'est plus amusant qu'un hôtel et on s'est bien amusés. Vivre en contact avec la nature, c'est génial. L'attraction la plus intéressante pour moi, c'était le lac de montagne où j'ai nagé tous les jours.

Pour moi, la destination la plus intéressante, c'est Paris. Le week-end prochain, je vais aller dans une auberge de jeunesse à Paris avec mes deux frères. On va visiter tous les monuments, mais pour moi, la visite la plus importante, c'est le Stade de France.

Valentin, 15 ans

Parle!

3 Look at the pictures and imagine what the people are saying. (Use *plus* and *moins*).

Example a *Je vais prendre le bus pour aller à Nantes. Le bus est moins rapide que le train mais le train est plus cher.*

- a (bus / train) → Nantes
- b (plane / ship) → Irlande
- c (bike / car) → cinéma
- d (camping / hotel)
- e (hotel / countryside)
- f La tour Eiffel / La Stade de France

Écris!

3 Invent a visit to France. Write 60+ words.

Example *Je suis allé(e)* + **place**. *J'ai pris* + **transport** + *parce que...*, etc.

- a where you went (town? seaside? countryside? mountains?)
- b how you travelled
- c why you chose that means of transport
- d where you stayed
- e what you thought of it

cinquante-sept 57

3.7 Quel dilemme!

Lecture

«Tu vas où, Carine?»

Quelquefois, Carine a très peur* de son père. Elle explique qu'elle va en ville, chez une copine.   *scared

«Tu rentres à 22 heures, au plus tard. Promis? Sinon, attention à toi!»

«Oui, Papa. Pas de problème.»

Carine est contente de quitter la maison. Son père est difficile et un peu agressif. Mais aujourd'hui, il fait beau et elle ne va pas penser à son père. Elle décide d'aller chez Nadia à pied.

Carine s'amuse beaucoup chez Nadia. Elles regardent un peu la télé. C'est la Star Ac' – son émission préférée.

La mère de Nadia est très cool – très différente du père de Carine. À 21 heures quarante, Carine dit au revoir. Elle va prendre son bus. Elle ne doit pas rentrer en retard.

Carine arrive à l'arrêt de bus à l'heure mais le bus est en retard. Elle met la main dans son sac. Où est son porte-monnaie? Oh non, elle l'a laissé dans sa chambre, sur le lit. Et son portable aussi! Catastrophe! Elle n'a pas d'argent pour acheter un ticket de bus.

Elle n'a pas le temps de rentrer à pied. Et elle n'a pas le temps de retourner chez Nadia pour emprunter de l'argent.

Carine tremble. Son père va être furieux. Qu'est-ce qu'elle peut faire? Soudain, elle voit une enveloppe blanche par terre avec un nom et une adresse: Julie Meunier, 4, place Jamin. Elle l'ouvre. Il y a 50 euros dans l'enveloppe. Bizarre! Un taxi passe.

Carine regarde le taxi et puis elle regarde l'argent. En taxi, elle peut être à la maison avant dix heures. Mais ce n'est pas son argent.

Carine hésite. Qu'est-ce qu'elle va faire?

1 Lis l'histoire. Réponds aux questions.

- a Where is Carine going?
- a Why is she happy to leave the house?
- a What does she do at Nadia's?
- a What time does she leave Nadia's house?
- a What can't she find in her bag?
- a Where does she find 50 euros?
- a What is she tempted to do with the money?

2 Choisis la suite la plus probable à ton avis.

- A Carine pense à son père. Elle prend un taxi et arrive à la maison à dix heures.
- B Carine range l'enveloppe avec l'argent dans son sac. Demain, elle va aller place Jamin pour rendre l'argent. Elle rentre à pied.
- C Carine ne prend pas l'argent pour elle. Elle va tout expliquer à son père. Il va peut-être comprendre.
- D Le bus arrive. Carine prend 10 euros pour acheter un ticket de bus. À la maison, elle va remplacer les 10 euros. Et demain, elle va donner l'enveloppe à la police.

3 Imagine: tu es à la place de Carine. Qu'est-ce que tu fais?

cinquante-huit

clic-mag

Lecture

Les gorilles menacés d'extinction

Le Parc des Virunga est en République Démocratique du Congo, en Afrique. C'est la première **zone protégée** d'Afrique – établie en 1925 pour la **protection** des gorilles de montagne. **Le gorille** de montagne est le symbole du Parc des Virunga.

Qui est ce gorille et pourquoi est-il **en danger**? Le gorille des montagnes, le plus grand des primates, **est différent** des autres gorilles. Il a le poil long, plus sombre, de grandes mâchoires, son museau est plus petit et ses bras sont courts. Il mange des feuilles, mais aussi des fleurs, des fruits, des champignons et quelquefois des insectes.

Le gorille est notre cousin. Il peut apprendre la langue des signes parce qu'il est très intelligent. Mais l'homme le chasse. Il est aussi souvent **victime** des guerres civiles et de la **déforestation**. Avec tous ces dangers, les gorilles de montagne sont menacés d'**extinction**.

C'est le logo de la WWF – une organisation qui veut sauver **les espèces menacées**. Consultez son site web pour plus d'informations.

Avant de lire l'article, lis les conseils de Forum, page 56.

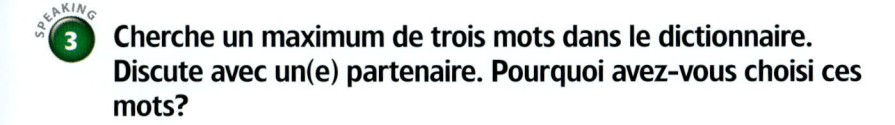

1 Lis rapidement l'article. Résume-le en une phrase en anglais.

2 Sans chercher dans le dictionnaire, donne l'anglais pour les mots en caractères gras.

3 Cherche un maximum de trois mots dans le dictionnaire. Discute avec un(e) partenaire. Pourquoi avez-vous choisi ces mots?

4 Résume l'article en anglais (100 mots environ).

cinquante-neuf 59

Vocabulaire

Les moyens de transport	*Means of transport*
Tu voyages comment?	*How do you travel?*
Je prends...	*I go by...*
l'avion	*plane*
le bateau	*boat*
le car	*coach*
la mobylette	*moped*
le taxi	*taxi*
le train	*train*
le vélo	*bike*
la voiture	*car*
parce que c'est rapide	*because it's fast*
cher	*expensive*
confortable	*comfortable*
écolo	*environmentally friendly*
fatigant	*tiring*
long	*long*
On y va en (voiture)?	*Shall we go by (car)?*
Pour aller en France, je vais prendre le bateau.	*To go to France, I'm going to take the boat.*
On peut prendre le car jusqu'à Londres.	*You can get the coach to London.*

Comparer	*Comparing*
plus... que...	*more.... than...*
moins... que...	*less... than*
L'avion est plus cher que le bateau.	*The plane is more expensive than the boat.*
La voiture est moins fatigante que le train.	*The car is less tiring than the train.*
Je préfère mon vélo parce que c'est plus écolo que la voiture.	*I prefer my bike because it's more environmentally friendly than the car.*
Le train est mieux que le car.	*The train is better than the coach.*
le train le plus rapide	*the fastest train*

L'hébergement	*Accommodation*
J'ai fait du camping.	*I went camping.*
Je suis parti(e) en caravane	*I went caravanning*
Je suis allé(e) dans un hôtel	*I went to a hotel*
Je suis allé(e) dans une auberge de jeunesse	*I went to a youth hostel*
J'ai loué un gîte	*I rented a cottage*
J'ai logé en chambre d'hôte	*I stayed in a bed and breakfast*
Je suis allé(e) dans un hôtel au bord de la mer.	*I went to a hotel at the seaside.*
On a fait du camping à la campagne.	*We went camping in the country.*
C'était confortable	*It was comfortable*
cher	*expensive*
sympa	*nice / friendly*
génial	*great*
pratique	*practical*
snob	*posh*

Le superlatif	*The superlative* le
camping le plus sympa	*the nicest campsite*
l'endroit le plus chic	*the most chic area*
la formule la plus chère	*the most expensive formula*
les billets les plus chers	*the most expensive tickets*
les activités les plus intéressantes	*the most interesting activities*
le meilleur hôtel	*the best hotel*
la meilleure attraction	*the best place of interest*
la pire auberge de jeunesse	*the worst youth hostel*
le pire, c'était...	*the worst was...*

Les visites	*Sightseeing*
Vous pouvez me recommander une visite?	*Can you recommend a place to visit?*
Vous pouvez visiter la tour Eiffel.	*You can visit the Eiffel Tower.*
C'est où?	*Where is it?*
C'est dans l'ouest de Paris.	*It's in the west of Paris.*
Quelle est la station de métro la plus proche?	*What is the nearest metro station?*

Vocabulaire 3.8

Ça ouvre à quelle heure?	What time does it open?
C'est ouvert de 9 heures à minuit.	It's open from 9 am until midnight.
ouvert tous les jours / de 9 h à 12 h / de juin à août	open every day / from 9 to 12 / from June to August
fermé le mardi	closed on Tuesdays
Ça coûte combien?	How much does it cost?
C'est 11,50 euros pour un adulte / un enfant.	It's 11 euros 50 for an adult / a child.
Qu'est-ce qu'on y fait?	What is there to do there?
Vous pouvez (monter en haut de la tour).	You can (go up the tower).
Je vais aller (au Stade de France).	I'm going to go (to the Stade de France).
On va faire une visite guidée.	We're going to have a guided tour.
Je vais voir une exposition.	I'm going to see an exhibition.

Les questions	Question words
où?	where?
qui?	who?
quand?	when?
pourquoi?	why?
quel / quelle?	what / which?
combien?	how much / how many?
qu'est-ce que?	what?

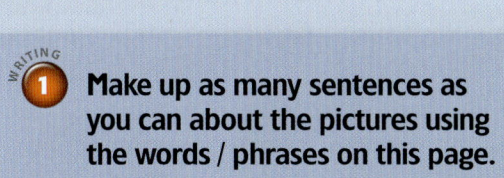

1 **Writing** Make up as many sentences as you can about the pictures using the words / phrases on this page.

Pourquoi apprendre le français?

Pour les vacances ou le travail en France

Premier jour en famille:

Quels sont tes repas préférés?
Tu es végétarien(ne)?

Voir page 64.

Tu fais la cuisine ou tu ranges ta chambre?

Tu aides souvent à la maison?

Voir page 66.

Qui est allé en France?

C'était comment?

Voir page 68.

soixante-deux

Savoir-vivre 4

C'est comment, vivre dans une famille à l'étranger?

Tu voudrais être au pair?

Voir page 70.

Que faire si tu ne connais pas un mot?

On te comprend mal?

Voir page 74.

La petite amie du correspondant de Tom voudrait sortir avec lui.

Qu'est-ce qu'il doit faire? À toi de décider!

Voir page 76.

À la fin de l'unité 4, reviens ici et réponds aux questions!

soixante-trois 63

4.1 Repas de famille

● Coping at the meal table

1a À deux: devinez les deux choses que Daniel n'a pas mangées à midi. Pourquoi à votre avis? Faites des listes.

Exemple *Il a mangé du.../de la.../des...*
Il a bu du.../de l'... Il n'a pas mangé de...

Daniel va chez Clément, son correspondant français.

a le pain
b le fromage
c le pâté
d le jambon
e le coca
f un yaourt
g l'eau minérale
h la mayonnaise
i la salade
j une banane
k une pomme
l les chips
m les tomates

1b Écoute et vérifie.

		Rappel:	*some, any*	*none*
masc.	le coca	du coca	...pas de coca
vowel	l'eau minérale	de l'eau minérale	...pas d'eau minérale
fem.	la sauce tomate	de la sauce tomate	...pas de sauce tomate
plural	les chips	des chips	...pas de chips

Ballade de la salade

La soupe de poisson, les fruits de mer,
La truite, le saumon, les moules marinière.
J'adore tout ça, c'est fantastique,
Mais tu **ne** manges **rien**?
Tu es allergique?

Non, je **ne** mange **plus**
de poisson, c'est vrai,
Et je **ne** mange **ni** steak, **ni** porc, **ni** poulet.
Je **ne** mange **jamais** de viande,
mais ça **ne** me rend **pas** malade...

...D'accord, alors mange de la salade!

2a Écoute et lis.

2b Résume le dialogue en anglais.

3 **Grammaire:** écris deux phrases positives et cinq phrases négatives sur les plats que tu aimes et n'aimes pas.

Grammaire

Using negatives

ne (or **n'**) goes before the verb and **pas, plus, jamais, rien, personne** and **ni (...ni)** follow the verb.
After negatives, **du, de l', de la** and **des** become **de**.

Je mange **de la** pizza → Je **ne** mange **pas** / **plus** / **jamais** de pizza.
Je **ne** mange **rien**.
Je mange **de la** viande et **du** poisson → Je **ne** mange **ni** viande **ni** poisson.

64 soixante-quatre

Repas de famille 4.1

Tu es très poli(e), assez poli(e) ou impoli(e) à table?

Fais notre test-politesse! Tu réponds comment?

1 Tu veux de la salade de concombre?
- a Beurk! Je déteste ça!
- b Oui, je veux bien, merci.
- c Ah non, je ne mange jamais de salade.

2 Tu veux goûter* aux lasagnes?
- a Non, je ne vais pas goûter.
- b Bien sûr. Ça a l'air très bon!
- c Bof!   *to taste

3 Tu peux me passer l'eau, s'il te plaît?
- a Oui, bien sûr, voilà.
- b Non, désolé(e), je ne peux pas.
- c Sers-toi!

4 Tu veux encore un peu de steak haché?
- a Vous savez bien que je suis végétarien(ne), monsieur!
- b OK. C'était pas mauvais.
- c Non, je vous remercie. C'est super bon mais j'ai assez mangé.

5 Tu aimes la salade de fruits?
- a Bof! Pas tellement.
- b Oui, mais je suis allergique aux fraises, c'est dommage.
- c Ben non, j'ai horreur des fraises.

6 Tu as bien mangé?
- a Oui, mais je veux reprendre du gâteau.
- b Non, pas vraiment.
- c C'était excellent, je vous remercie beaucoup.

Compte tes points:

1	a 0	b 3	c 0
2	a 0	b 3	c 0
3	a 3	b 0	c 0
4	a 0	b 0	c 3
5	a 0	b 3	c 0
6	a 0	b 0	c 3

Résultats
15–18 Félicitations! Tu es très poli(e).
11–15 Bien! Tu es assez poli(e).
6–10 Attention, tu n'es pas tellement poli(e)!
0–5 Oh, que tu es impoli(e)!

4 Tu as de bonnes manières à table? Choisis tes réponses honnêtement!

5a Écoute. Qui est le plus poli? Le moins poli?

5b Imagine que c'est toi à table. À toi de répondre (poliment!).

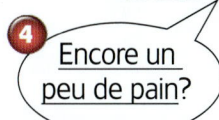

1. Tu aimes <u>la salade de tomates</u>?
2. Vas-y, sers-toi!
3. Tu peux me passer <u>le poivre</u>, s'il te plaît?
4. Encore un peu de <u>pain</u>?
5. Tu veux goûter au <u>fromage</u>?
6. Je peux te passer quelque chose?

5c À deux: adaptez les détails soulignés de l'activité 5b et écrivez une conversation.

Exemple   **A** *Tu aimes la salade verte?*
            B *Oh oui, j'adore ça. C'est super bon.*

Grammaire

Rappel
Remember to use *vous* when you talk to your friend's / penpal's parents, even if they call you *tu*:

*Vous **pouvez** me passer la pizza, s'il **vous** plaît, monsieur?*

*Tu **peux** me passer l'eau, s'il **te** plaît, Clément?*

Merci, monsieur / madame.
Oui, je veux bien. Merci, monsieur / madame.
Oui, j'adore ça. C'est délicieux.
Non merci, madame / monsieur, mais c'était délicieux.
Oui, j'aime beaucoup. C'est bon.
Oui, merci, c'est mon dessert préféré.

Visit Clic! OxBox

soixante-cinq

4.2 Qui aide à la maison?

- Helping around the house

1 Relie les tâches ménagères aux dessins. Écoute et vérifie.

2 Imagine que tu vas dans une famille en France. Note ce que tu fais pour aider.

Exemple   *Je fais mon lit.*

3 Écoute la discussion et note les conseils du prof. Compare et discute en classe.

Exemple   *lit,…*
Exemple   **A** *Je fais mon lit, et toi?*
         B *Moi aussi, et je range ma chambre.*
         A *Moi, je ne range pas ma chambre.*

J'aide à la maison
je fais le ménage / la cuisine
je fais mon lit / la vaisselle
je range la maison / ma chambre
je passe l'aspirateur
je mets le couvert
je débarrasse la table

4 Lis le texte de Léa. Résume en anglais. (+/- 30 mots)

Le ménage? Une bonne affaire!

«Mes amis et moi, on contacte les parents de copains et on **leur** propose notre aide pour le ménage. On **leur** offre de faire un peu de ménage et la cuisine. Ils **nous** donnent 8 euros par personne par heure. Max fait le ménage et range la maison, Seydi **lui** donne un coup de main: il passe l'aspirateur et il fait les lits. Moi, je fais la cuisine et je mets le couvert. Par contre, on ne débarrasse pas la table et on ne fait pas la vaisselle. On doit rentrer faire nos devoirs!» Léa, 15 ans.

5 À trois: organisez une équipe de ménage. Qui fait quoi?

Exemple   **A** *Tu passes l'aspirateur?*
         B *Ah non, moi, je déteste ça.*
         C *Moi, j'aime bien, alors moi, je passe l'aspirateur.*

66   soixante-six

Qui aide à la maison? **4.2**

6 Écoute et note les points. Qui gagne, Max ou Léa?

	Max	Léa
1 lit	2	5
2 chambre		

QUIZ:
CHAMPION POUR AIDER À LA MAISON

Qui aide le plus à la maison, les garçons ou les filles? Pour chaque question, choisis une réponse et compte tes points.

1 Tu fais ton lit tous les jours?
2 Quand est-ce que tu ranges ta chambre?
3 Tu mets souvent le couvert?
4 La table, tu la débarrasses tous les jours?
5 Tu fais la cuisine?
6 Tu fais la vaisselle de temps en temps?
7 Tu passes souvent l'aspirateur?
8 Tu ranges la maison d'habitude?

tous les jours **5**
d'habitude **4**
souvent **3**
de temps en temps **2**
rarement **1**
jamais **0**

7a À deux: faites le quiz.

7b En classe, discutez des résultats. Qui en fait le plus, les filles ou les garçons?

8 À deux: ping-pong du ménage. **A** dit une tâche ménagère et **B** répond avec un adverbe, sans hésitation! (**B→A**)

Exemple **A** *faire ton lit*
         B *Je fais mon lit tous les jours!*
         A *OK, un point pour toi.*

9 À deux: faites encore le ping-pong du ménage mais, cette fois, **A** donne un adverbe et **B** pense à une activité (pas une tâche ménagère!). (**B→A**)

Exemple **A** *souvent*
         B *Je vais souvent à la piscine.*

10 Qu'est-ce que tu fais en général le week-end? Écris exactement 75 mots: utilise 5 adverbes.

Adverbs of time / frequency

Use these to say how often you do things.
They usually go after the verb, though *d'habitude* and *de temps en temps* often start the sentence.

tous les jours = every day
d'habitude = usually
souvent = often
de temps en temps = from time to time
rarement = not often, rarely
ne… jamais = never

Visit Clic! OxBox

soixante-sept 67

4.3 Vive la différence!

● Discussing lifestyles

1 Regarde les photos du blog français de Daniel. Comment sait-on qu'elles sont prises en France?

1 Le premier matin au petit déjeuner, on m'a passé un bol, mais ce n'était pas pour les céréales – c'était pour le chocolat chaud. Et tout le monde a trempé* son pain dans son chocolat chaud ou son café! Chez moi, je ne peux pas faire ça, c'est impoli! *dipped

2 Au collège, beaucoup d'amis de Clément sont arrivés à mobylette. En France, on peut conduire une 'mobylette' à 14 ans. Ces cyclomoteurs ne roulent pas très vite, 45 km à l'heure au maximum, mais c'est quand même pratique. On ne peut pas faire ça si jeune en Angleterre.

3 Un jour, on est allés chez Léa, la cousine de Clément. C'était sa fête, la Sainte-Léa, et elle a eu un petit cadeau et des cartes. On n'a pas ça chez nous.

4 Chaque matin avant le petit déjeuner, on allait à la boulangerie acheter du pain frais. Le dimanche, on achetait aussi des croissants et des pains au chocolat. Délicieux! Chez nous, on achète le pain au supermarché et on le met dans le congélateur*! *freezer

2 Lis le blog de Daniel (1–4). C'est quelle photo (a–d)?

3a Écoute le podcast de Daniel. Il parle de la France et de la Grande-Bretagne. C'est quel thème (a–e)?

Exemple 1 = a / c
a meal / food
b traditions / habits
c school
d accomodation
e transport

Grammaire

The imperfect tense

Use the imperfect tense when you say what happened regularly in the past.

*Le soir, on **dînait** à vingt heures.*
*Chaque matin, on **allait** acheter du pain.*

3b Relis le blog et réécoute le podcast de Daniel. Note les différences entre la France et la Grande-Bretagne pour chaque thème de l'activité 3a.

Exemple *France: dinner after 20 h v Great Britain: dinner around 18 h*

soixante-huit

Vive la différence! 4.3

4 Lis l'email de Daniel à son correspondant québécois.

Salut Joël!

Quel week-end! Lucille, la cousine de Clément, a invité toute la famille à fêter sa première communion, dimanche dernier. Il y avait cinquante invités! Lucille était habillée en blanc pour sa communion. D'abord, on est allés à l'église. Je n'ai pas tout compris, mais j'ai essayé de chanter un peu! Après ça, on est allés chez elle et on a commencé à manger.

Le repas a duré six heures! Je n'avais jamais mangé de repas comme ça!

Entre les plats, on a raconté des histoires de famille amusantes – je n'ai rien compris, mais j'ai ri quand même! Et on a offert des cadeaux à Lucille – elle a eu des bijoux, des vêtements, un baladeur et ses parents lui ont même offert une table de ping-pong!

Vers 20 heures, on a fini de manger. On a aidé à ranger un peu et, à minuit, on est rentrés chez Clément. Je n'oublierai jamais cette fête!

À bientôt
Daniel

5 Vrai au Faux? Corrige les phrases fausses.
  a Lucille est la sœur de Clément.
  b Il y avait 150 invités.
  c Les invités sont allés à l'église.
  d Le repas était chez Clément. Il a duré 5 heures.
  e Lucille a eu des cadeaux: des vêtements, un lecteur de CD et des bonbons.
  f Daniel n'a pas aidé à ranger.

6 Écoute. On parle de cette fête – oui ou non?

Exemple *1 non*

7 **Grammaire:** find the verbs followed by the infinitive in the email. What do they mean.

Exemple *a invité à fêter – invited to celebrate*

8 **Grammaire:** complète les phrases.

Exemple *Daniel a refusé **de** manger des huîtres.*
  a Daniel a essayé [✻] chanter à l'église.
  b On a encouragé Daniel [✻] prendre des crevettes.
  c On a commencé [✻] préparer le repas le matin.
  d On a fini [✻] manger à huit heures.
  e Les parents ont décidé [✻] offrir une table de ping-pong à Lucille.
  f On a aidé la famille [✻] tout ranger.

Grammaire

Verbe + infinitif

aller		
aider		
commencer	à	
encourager		
inviter		+ infinitif
finir		
décider	de	
essayer	d'	
refuser		

On a aidé a ranger. *We helped to tidy up.*

Défi!

Parle d'une fête familiale!
Exemple *En novembre, on a fêté les quarante ans de mon père. Il y avait 40 invités…*

soixante-neuf 69

4.4 C'est la vie!

Voici Marie Torresani et Isis Nesta, deux lycéennes marseillaises. Marie a passé six semaines dans une famille en Angleterre et Isis a passé six semaines dans une famille en Irlande.

1a Regarde le clip et observe bien. Lis a–d. Vrai ou faux?

a Marie est petite et elle a les cheveux longs et noirs.
b Marseille n'est pas au bord de la mer.
c Sur le sofa, il n'y a que les deux filles.
d Isis aime les animaux.

> **ne... que** = *only, nothing but*
> On ne mange que des frites.
> = *They only eat chips (they eat nothing but chips)*.
> Il n'y a que deux chevaux sur la photo.
> = *There are only two horses in the photo*.

1b À deux: qu'est-ce que vous avez remarqué dans le clip? Discutez en anglais.

Exemple *The weather in Marseille looks sunny but not hot.*

2a Regarde. Quelles questions entends-tu?

a Isis, tu es allée combien de temps en Irlande?
b Marie, tu as aimé le voyage en Angleterre?
c Tu as rencontré des jeunes Anglais?
d Tu as aidé la famille?
e Marie, comment tu as trouvé les Anglais?
f Qu'est-ce qui t'a étonnée là-bas?
g Qu'est-ce que tu as fait le week-end en Irlande?
h Tu voudrais repartir?

2b Complète les réponses de Marie ou Isis avec les mots de la boîte. Regarde encore le clip et vérifie.

a J'ai [1] des jeunes Anglais sur la plage.   *horse-riding centre
b Oui, j'ai [2] avec la [3] dans le centre équestre*.
c Ce qui m'a [4] là-bas, ce sont les associations de nourriture puisque j'ai mangé des pâtes à la [5] avec des frites.
d Oui, j'aimerais [6] repartir parce que ça m'a vraiment beaucoup [7].

beaucoup	bolognaise	étonnée
famille	plu	rencontré
travaillé		

3 Regarde encore. Indique quand tu entends ces mots. C'est quoi en anglais?

a un nouveau pays
b une nouvelle culture
c perfectionner notre anglais
d connaître de nouvelles personnes
e voyager un peu plus
f parler anglais toute la journée

soixante-dix

Visit Clic!

C'est la vie! 4.4

4a À deux: regardez les photos. A choisit la bonne phase et B dit quelle photo c'est.

Exemple A *Marie a rencontré des jeunes Anglais.*
         B *C'est la photo a.*

4b Écris une légende pour chaque photo.

Exemple a *Marie a rencontré des jeunes Anglais*

1. Marie a rencontré des jeunes anglais.
2. Marie a travaillé dans un centre équestre.
3. Marie a passé 6 semaines avec une famille anglaise.
4. Marie est allée dans des bar irlandais.
5. Marie a fêté l'anniversaire de la fille.

5 Lis l'annonce. Puis, à deux, discutez en anglais les qualités nécessaires pour être au pair.

> **Famille francophone avec deux enfants cherche fille au pair à partir d'août.**
> Famille dans villa avec jardin (au bord du Lac Léman, en Suisse), deux enfants (garçon et fille, 9 et 10 ans), un chien (Labrador), cherche jeune fille au pair pour août, permis de conduire, sait préparer des repas simples, motivée et souriante, aime les enfants et les chiens, avec expérience, non-végétarienne. Salaire usuel, voiture à disposition pour emmener les enfants à l'école, logement indépendant mis à disposition. Week-ends libres. Merci d'envoyer votre dossier de candidature par email, avec photo.

6 Et toi? Tu aimerais partir comme au pair dans une famille française? As-tu les qualités nécessaires? Explique.

Exemple *J'aimerais être au pair dans une famille française parce que je voudrais perfectionner mon français...*
         ou
         Je n'aimerais pas être au pair en France parce qu'on travaille beaucoup...

soioxante-et-onze 71

4.5 Labo-langue

Negative expressions

To talk about things that do **not** happen – including **never**, **nothing**, **no more** – you must make the verb negative.

A Learn these by heart

ne... pas	= *not*	Je **ne** mange **pas** de fruits de mer.
ne... rien	= *nothing*	Je **ne** mange **rien** à midi.
ne... jamais	= *never*	Je **ne** mange **jamais** de viande.
ne... plus	= *no more*	Je **ne** mange **plus** de poisson.
ne... ni... ni	= *neither...nor*	Je **ne** mange **ni** viande **ni** poisson.
ne... que	= *only*	Je **ne** mange **que** des carottes.

B Now use your head

Picture the two-part negative expressions above as a headset:

Je ne regarde pas le match à la télé.

Imagine the same sentence with **ne... plus**, **ne... jamais** and **ne... que**. What do they mean?
Now translate: 'Je ne regarde ni le match ni la télé.'

Remember, negative expressions need **de/d'** before the noun:

*Je ne mange pas **de hamburgers** et jamais **de frites**.*

C Dropping 'ne'

In casual spoken French, **'ne/n'** is often dropped (and also sometimes the '*e*' of '*je*' and the '*u*' of '*tu*').
Ranger ma chambre? Non, j'aime pas ça.
T'as faim? J'sais pas.

1 Make as many different negative sentences as you can with each of these sentences.

a Je mange à la maison.
b Tu regardes la télé?
c Elle prend des céréales.
d On peut faire ça en France.
e Il fait beau en Écosse.
f Je range ma chambre.

2 Complete these sentences with a negative.

a Tu manges souvent du jambon? Non, je...
b On fête son anniversaire ici? Non, on...
c Il mange beaucoup au petit déjeuner? Non, il...
d Tu comprends toujours quand tu es en France? Non, je...
e Elle fait le ménage d'habitude? Non, elle...
f On mange le dîner à six heures en France? Non, on...

3 Listen and say who is speaking properly (P) and who is speaking quirkily (Q).

Minding your Ps and Qs

72 soixante-douze

Labo-langue 4.5

D — On their own: never, no one, nothing

jamais, **personne** and **rien** can also be one-word answers:

- Qui aime faire les tâches ménagères? — Personne!
- Elle te donne un coup de main? — Jamais!
- Qu'est-ce que tu veux manger? — Rien!

E — A moveable headset

When there are two verbs together, put the negative round the first verb (the auxiliary):

Je **ne** veux **pas** ranger ma chambre.
Tu **n'**aimes **plus** faire la cuisine?

It's the same in the perfect tense – put the negative round the first verb (the auxiliary):

Il **n'**a **jamais** mangé d'huîtres.
Elle **n'**a **rien** dit.

F — Don't tell me what not to do!

To order somebody <u>not</u> to do something, put the negative round the verb:

Ne mange **pas** trop de dessert!
Ne sortez **pas** ce soir!

---

4 Answer each question with one word and then complete the longer answer.

a Tu fais la vaisselle quand?
   ✱ ✱ ✱! Je ne fais ✱ ✱ ✱.
b Il sort avec qui?
   ✱ ✱ ✱! Il ne sort ✱ ✱ ✱.
c Elle fait quoi pour aider à la maison?
   ✱ ✱ ✱! Elle ne ✱ ✱ ✱.

5 Contradict these statements by completing the replies.

a Tu as souvent mangé du poisson. Non, je n'ai…

b Il est arrivé au collège en mobylette tous les jours? Non, il…

c On a chanté tous les jours. C'est faux, on n'…

6 Translate into French.

a She doesn't want to do the washing up.
b I'm not going to tidy my room any more.
c You have never organised a housework team.

7 Write a short paragraph (+/- 60 words) about yourself using as many negative expressions as you can.

Exemple *Je n'ai ni frère ni sœur – je suis fille unique. J'étais sportive l'année dernière mais je n'aime plus le sport.*

soixante-treize

4.6 clic-forum

Coping with unknown vocabulary

What happens when you don't know words, like 'coat hanger' or 'inhaler'? Or if you've forgotten something, like your alarm clock?

There are various strategies you can use. First, say:
- *Comment dit-on…?*
- *Tu peux me prêter…?* (= Can you lend me…?)

Then

a **Mime**: *Je mime…*

b **Draw**: *Je fais un dessin…*

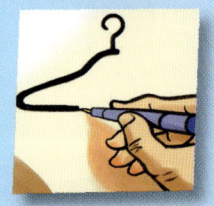

c Define, using the word 'thingumabob / whatd'youcallit': *C'est le truc / le machin pour mettre les vêtements.*

d Otherwise, use the dictionary.

Once you have found or been told the new vocabulary, repeat it two or three times to help it sink in. If necessary, ask for the spelling: *Ça s'écrit comment, "cintre"?*

1a Regarde les images et écoute. Comment dit-on en français?

Exemple   1d = *brosse à dents*

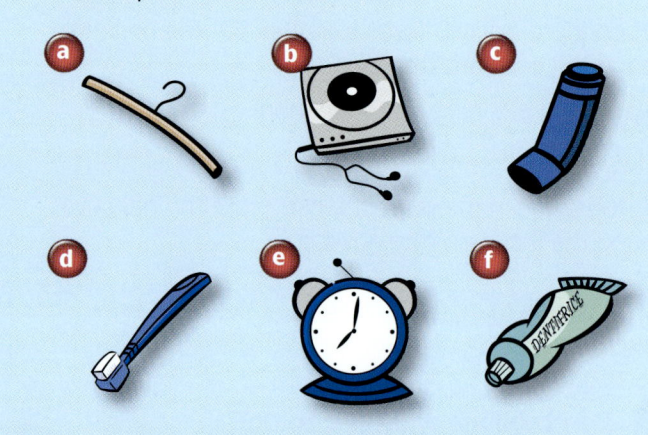

1b À deux: réécoutez et notez les expressions utiles.

Exemple   1 *Comment dit-on…? Je mime… C'est le truc pour… Ça s'écrit comment?*

1c À deux: réécoutez et essayez de les rejouer.

du dentifrice	une brosse à dents
un cintre	un réveil
un inhalateur	un baladeur

2 À deux: **A** choisit sa méthode (mime / dessin / définition). **B** cherche le mot dans le dictionnaire et donne la réponse.

mobile phone	sunglassess
ski boots	scarf
towel	football boots

soixante-quatorze

Tu sais tout?

clic! TEST

4.6

Écoute!

1 Read sentences a–j. Then listen to the conversation and note the five sentences which are true.

a Raphaël's pen pal arrived on Friday.
b Raphaël didn't go to the train station.
c David ate nothing on Friday night.
d The boys helped with the washing-up.
e It was Raphaël's mum's birthday this weekend.
f Raphaël doesn't have a grand-father anymore.
g David spoke French in the restaurant.
h Clémence finished tidying up her room at midday.
i Her father never does the shopping.
j Clémence's friend refused to go out on Sunday.

Lis!

2 Read the text and answer the questions in English.

Il y a deux ans mes parents m'ont encouragée à partir à l'étranger alors, j'ai décidé de faire un échange linguistique. J'ai passé six semaines dans une famille en Écosse. C'était la première fois que j'allais à l'étranger. Je n'avais ni famille ni copains… Heureusement, la famille de Shona était super.

La première difficulté, bien sûr, c'était la langue, mais après deux semaines, j'ai commencé à bien comprendre et à mieux parler. Maintenant, j'ai même l'accent écossais!

Les repas n'étaient pas comme en France et je préfère la cuisine française. On dînait très tôt, avant 18 h!

Un échange comme ça, c'est très bien parce qu'on apprend à bien parler une langue. Maintenant, je n'ai plus de problème en cours d'anglais! Et en plus maintenant, j'ai aussi une très bonne amie écossaise.

Alice et Shona

a What did Alice's parents encourage her to do?
b How many times has Alice visited Great Britain before?
c What did she find difficult at the beginning?
d How do you know that she speaks good English now?
e What are the advantages of going abroad?

Parle!

3 Choose a celebration to talk about. Say who is invited, what refreshments will / will not be on offer, what preparation was necessary, what you will / will not have to do afterwards.

Example *Dans deux semaines, c'est mon anniversaire. Je vais faire une fête.*

Écris!

4 Write five sentences about a recent celebration. Include the following information:

- when it was
- what was being celebrated
- who was there
- what you did

Example *La semaine dernière, c'était…*

soixante-quinze 75

4.7 Quel dilemme! — Lecture

1 Avant de lire le texte, regarde l'illustration et devine: de quoi s'agit-il?

Pendant son échange en France, Tom a passé beaucoup de temps avec Julien Leroy et ses copains et copines. M. et Mme Leroy ont encouragé Tom à accompagner Julien au club des jeunes, à apprendre à connaître d'autres jeunes et à parler français.

La première fois au club des jeunes, ce n'était pas génial. Julien parlait avec ses copains. Ils parlaient très vite. Tom n'a même pas essayé de parler. Il était trop timide. Il voulait partir, mais il ne pouvait pas sans Julien.

Bientôt, une jeune fille s'est approchée de Tom: «Salut! Je suis Audrey. Ce n'est pas facile pour toi. Ils parlent trop vite, hein?» Elle avait un très beau sourire. Tom a regardé ses grands yeux marron; sa voix était calme et rassurante. C'était génial.
«Euh… oui, c'est vrai. Je ne comprends pas tout. Mais ce n'est pas grave…»
«Il sont nuls! Viens, tu veux jouer au ping-pong?»
«Oui, je veux bien.»

Pendant une heure, ils ont joué au ping-pong et ils ont parlé de la vie à la maison, du collège, de la France et de l'Angleterre… enfin, de tout. Tom était très heureux. Audrey aussi était heureuse.
«Je n'ai jamais rencontré de fille comme toi, tu es très gentille. Je…»
Mais à ce moment-là, Julien est arrivé.

«Ah, te voilà, Audrey!» Il l'a embrassée et lui a pris la main. «Maintenant, tu connais ma petite amie. Elle est sympa, hein?» Audrey a regardé Tom. Il était déçu et très triste.

Le lendemain, Audrey a envoyé un SMS à Tom:

Tu es sympa! Je veux te revoir – mais sans Julien. Réponds à mon message et retrouve-moi à la sortie du collège à 17 heures. Audrey

Tom pense: «L'échange dure deux semaines – je suis invité chez Julien, et je ne veux pas ruiner notre amitié. Mais je trouve Audrey sympa, vraiment sympa…» Que faire?

2 Lis le texte. Trouve le français.
a Mr and Mrs Leroy encouraged Tom to accompany Julien to the youth club.
b Tom didn't even try to speak.
c He wanted to leave but couldn't without Julien.
d A girl came up to him.
e They speak too fast, don't they?
f They talked about life at home, school, France and England.
g I have never met a girl like you.
h He kissed her and took her hand.
i I don't want to ruin our friendship.

3 Fais un résumé du texte en anglais.

4 Qui donne le meilleur conseil à Tom?

Max: Il n'y a pas de dilemme! C'est évident, sors avec Audrey! Une fois en Angleterre, tu vas oublier Julien, mais tu vas garder contact avec Audrey.

Aurélie: Ne réponds pas. D'abord, Audrey doit casser avec Julien. Si elle sort avec toi avant ça, ce n'est pas une bonne copine.

Axel: Une fois en Angleterre, Audrey ne va pas rester en contact. Si tu sors avec elle, tu vas perdre l'amitié d'un bon copain. Tout ça pour une fille? Non!

Mathilde: Si tu décides de sortir avec Audrey, sois discret! Ne dis rien à Julien. Comme ça tu gardes ton copain et tu gagnes une petite amie!

Défi!
Écris une fin à l'histoire.

soixante-seize

clic-mag

Lecture

Forum: nos traditions françaises

mimi6: Il y a beaucoup de fêtes et traditions en France, mais on ne sait plus pourquoi on les fête. Elles sont devenues simplement une raison pour ne pas travailler.

balou: Tu as raison. Par exemple, beaucoup de Français fêtent Noël, mais ça n'a plus rien à faire avec Dieu ou Jésus. C'est une excuse pour manger beaucoup et pour acheter des choses inutiles!

mwamwa: En décembre, il fait froid, il fait noir, on n'a rien à célébrer – et puis il y a Noël! C'est génial! Ça fait du bien! Moi, j'adore!

g-rezon: Je déteste Noël. On nous encourage à dépenser beaucoup d'argent.

mwamwa: Tu n'aimes pas les cadeaux, toi? Moi, j'adore Noël et j'adore recevoir et offrir des cadeaux. Je n'ai pas beaucoup d'argent, mais j'aime acheter des cadeaux.

g-rezon: Moi, je refuse d'acheter des cadeaux à Noël. Je trouve que c'est injuste. Il y a des personnes qui n'ont pas d'argent ou de nourriture. On doit faire plus pour eux.

lottie-x: Et les pauvres commerçants? À Noël les magasins gagnent beaucoup d'argent.

bonbon92: Moi, je ne suis pas chrétien, mais j'aime Noël parce qu'on a plus de temps pour la famille. Je n'achète jamais de cadeaux pour ma famille – j'aide à la maison, je fais la cuisine deux fois par semaine, etc. Le vrai sens de Noël n'est pas d'acheter trop de choses; c'est de penser aux autres.

mimi6: On peut refuser d'acheter des cadeaux "matérialistes". Et on peut offrir des cadeaux "éthiques" qui aident à améliorer la vie des pauvres.

g-rezon: Bonne idée! Je vais encourager mes copains et ma famille à faire ça!

1 Lis le forum. Qui parle?

a We're encouraged to spend far too much at Christmas.
b People have forgotten why we have many of our traditions.
c Christmas has nothing to do with religion any more.
d I love getting and giving presents.
e You don't have to buy 'materialistic' presents.
f The real meaning of Christmas is to think of others.
g There are people who don't have money or anything to eat.
We should do more for them.
h Christmas is great – it cheers you up in winter!

2 Continue le forum. Écris ta réponse et donne ton opinion.

Tu es d'accord avec qui?
Tu aimes recevoir des cadeaux?
Tu achètes des cadeaux utiles?
Les cadeaux "éthiques", c'est une bonne idée?

soixante-dix-sept

Vocabulaire

La nourriture et les boissons	Food and drink
le pain	bread
le fromage	cheese
le pâté	pâté
le jambon	ham
un yaourt	yoghurt
le sel	salt
le poivre	pepper
une banane	banana
une tomate	tomato
la mayonnaise	mayonnaise
la salade	salad, lettuce
la salade de concombre	cucumber salad
la salade de fruits	fruit salad
la salade de tomates	tomato salad
la salade mixte	mixed salad
les chips	crisps
le steak haché	minced steak
le poulet rôti	roast chicken
les lasagnes	lasagne
la truite	trout
le saumon	salmon
les moules (marinière)	mussels (cooked in wine)
la soupe de poisson	fish soup
les fruits de mer	seafood
le coca	cola
l'eau minérale	mineral water

Comme dessert	For dessert
la glace	ice cream
le sorbet	sorbet (iced dessert)
la crème caramel	caramel dessert
une pâtisserie	pastry, cake

À table	At the table
Tu aimes (la salade de tomates)?	Do you like (tomato salad)?
J'aime beaucoup / J'adore ça.	I love it.
C'est délicieux / très bon.	It's delicious / very good.
Sers-toi!	Help yourself!
Tu veux (encore) de la pizza?	Do you want some (more) pizza?
Je veux bien, merci.	I'd like that, thanks.
Non merci, j'ai assez mangé.	No thanks, I'm full.
C'était délicieux.	It was delicious.
Tu peux me passer…?	Can you pass me…?
Vous pouvez me passer…?	Can you pass me…?
s'il te plaît	please
s'il vous plaît	please
poli(e)	polite
impoli(e)	impolite, rude
végétarien(ne)	vegetarian
allergique	allergic
un bol	bowl

Le négation	The negative
ne… pas	not
ne… rien	nothing
ne… jamais	never
ne… plus	no more
ne… ni… ni…	neither… nor…
ne… que	only, nothing but
ne… personne	nobody

Aider à la maison	Helping at home
Je peux vous aider?	Can I help you?
Je peux t'aider?	Can I help you?
Je peux…	I can…
Tu peux…	You can…
faire le ménage	do the housework
faire mon lit	make my bed
faire ton lit	make your bed
ranger ma chambre	tidy my room
ranger ta chambre	tidy your room

soixante-dix-huit

Vocabulaire 4.8

mettre le couvert	set the table
débarrasser la table	clear the table
faire la cuisine	do the cooking
faire la vaisselle	do the washing up
passer l'aspirateur	vacuum
tous les jours	every day
d'habitude	usually
souvent	often
de temps en temps	from time to time
rarement	not often, rarely
(ne...) jamais	never
normalement	usually, normally
en général	generally
le matin / le soir	in the mornings / evenings

Opinions / Opinions

C'est bon / sympa / génial.	It's good / nice / great.
C'est beaucoup mieux.	It's much better.
C'est plus poli.	It's more polite.
C'est nul.	It's rubbish.
Dommage!	Pity!
J'aimerais bien...	I'd like to...

À une fête / At a celebration

fêter	to celebrate
assister à	to go to, to be present at
la première communion	first communion
faire / offrir un cadeau	to give a present
aider (à)	to help (to)
commencer (à)	to begin (to)
encourager (à)	to encourage (to)
inviter (à)	to invite (someone to)
continuer (de)	to continue, to carry on (–ing)
décider (de)	to decide (to)
essayer (de)	to try (to)
finir (de)	to finish (–ing)
refuser (de)	to refuse (to)

WRITING 1 Make up as many sentences as you can about the pictures using the words / phrases on this page.

soixante-dix-neuf 79

Pourquoi apprendre le français?

Pour mieux comprendre notre monde

Dé

Qu'est-ce qui était différent dans les années 50?

Voir page 85.

À quel âge peut-on se marier au Maroc? Dans quels pays as-tu l'âge de te marier?

Voir page 82.

Anthony travaille où? Qu'est-ce qu'il fait pour protéger l'environnement?

Voir page 88.

Imagine la vie dans 100 ans: l'école sera comment? Et les transports? On aura éliminé la pollution? Qu'en penses-tu?

Voir page 86.

80 quatre-vingts

Ouvrir le monde 5

Comment organiser ce que tu vas écrire?

Voir page 92.

Comment faire face au racket?

Voir page 94.

L'ozone, c'est quoi? La réduction de la pollution à l'ozone, c'est possible?

Voir page 95.

À la fin de l'unité 5, reviens ici et réponds aux questions!

quatre-vingt-un 81

5.1 J'ai le droit?

● Discussing what you are/are not allowed to do.

À quel âge a-t-on le droit de se marier?

Pays	Filles	Garçons
l'Afrique du Sud	?	14
l'Algérie	18	?
la France	?	18
la Grande-Bretagne	16	16
le Luxembourg	16	18
le Maroc	18	?
la Turquie	?	18
le Viêt Nam	18	20

1 Dans quels pays as-tu l'âge de te marier? Pour le savoir, écoute et trouve les âges qui manquent.

2 Écris dix phrases vrai / faux et échange avec un(e) partenaire.

Exemple *En Algérie, les garçons ont le droit de se marier à dix-huit ans.*

3 Test de mémoire. A dit un pays. Sans regarder le livre, B dit l'âge légal pour se marier. (B→A)

Exemple **A** À quel âge peut-on se marier au Luxembourg?
B Les filles peuvent se marier à 16 ans et les garçons à 18 ans.

4 Grammaire: écris le paragraphe en ajoutant un minimum de quatre pronoms emphatiques dans le texte de Céline.

> Mon frère et moi sommes différents. J'aime la musique et il aime le sport. Tu aimes la musique? Je voudrais me marier à vingt ans mais il ne veut jamais se marier. Les frères et les sœurs ne sont pas toujours d'accord mais on s'entend bien.
> — Céline

⚠️ *en* + fem. country (*en Algérie*, etc)
au + masc. country (*au Maroc*, etc)

Grammaire

pouvoir + infinitive

je peux = I can
tu peux = you can
il/elle/on peut = he/she/people can
nous pouvons = we can
vous pouvez = you can
ils/elles peuvent = they can

Use an **emphatic pronoun** to emphasise the person, or in a phrase with no verb:

Moi, je pense... / **Moi** aussi!
Toi, tu crois... / Et **toi**?
Lui, il...
Elle, elle...

⚠️ With **on**, use the emphatic pronoun **nous**:
Nous, on n'est pas d'accord.

J'ai le droit? 5.1

Mes parents sont assez cool. J'ai le droit de me coucher quand je veux le week-end, mais pendant la semaine, je dois me coucher à dix heures trente. Je ne peux pas sortir pendant la semaine non plus, mais j'ai le droit de sortir le vendredi et le samedi.

Je n'ai pas le droit d'avoir un ordinateur dans ma chambre, mais on a un ordinateur dans la salle à manger et je peux l'utiliser. Je peux mettre ma musique dans ma chambre mais je n'ai pas le droit de mettre trop fort parce que les autres n'aiment pas la même musique que moi.

J'ai le droit de faire un job si je veux… je fais un peu de baby-sitting. Pour les vêtements, pas de problème. J'achète mes vêtements moi-même et j'ai le droit de m'habiller comme je veux. Je n'ai pas le droit d'avoir de piercings, mais de toute façon, je n'en veux pas.

Mes parents n'ont jamais critiqué mes copains et j'ai le droit de les inviter à la maison quand je veux.

Marie, 15 ans

J'ai le droit / Je n'ai pas le droit…

de
a m'habiller comme je veux.
b mettre ma musique à fond.
c me coucher quand je veux.
d sortir le soir.

d'
e avoir un ordinateur dans ma chambre.
f inviter des copains chez moi.
g avoir des piercings.
h avoir un job.

5 Écoute et lis ce que Marie a le droit de faire à la maison. Note les phrases a–h dans l'ordre mentionné.

Exemple c, …

6 Écris dix questions sur le texte et échange avec un(e) partenaire.

Exemple *Marie se couche à quelle heure pendant la semaine?*

7 À deux: vous avez le droit / n'avez pas le droit de faire quoi? Faites des listes.

8 Compare avec un(e) partenaire.

Exemple A *Moi, j'ai le droit de m'habiller comme je veux. Et toi?*
B *Moi, aussi! Mais je n'ai pas le droit d'avoir de piercings. Et toi?*
A *Moi non plus.*

9 Résume les choses que tu peux / ne peux pas faire. Quel droit est le plus important pour toi? Quelle interdiction est la plus énervante? (+/− 150 mots)

Exemple *J'ai le droit d'avoir un ordinateur dans ma chambre et c'est très important pour moi. Je ne peux pas sortir le soir, sauf le samedi.*

Grammaire

Rappel:
des verbes importants

C'est quoi, en anglais?
je peux = ?
je dois = ?
je veux = ?

Voir page 141.

avoir un chien

boire de la bière

regarder les émissions que je veux à la télé

5.2 Les progrès technologiques

• Comparing gadgets – now and in the 1950s

Idées cadeaux

a **un portable**
b **un clavier électronique**
c **un baladeur MP3**
d **un lecteur DVD**
e **un ordinateur portable**
f **un appareil photo numérique**
g **une console PS3**
h **une machine à karaoké**

1 Écoute (1–6) et note les deux cadeaux (**a–h**) que chaque jeune désire.

Exemple *1 c, e...*

2 En secret, **A** choisit ses trois gadgets préférés dans la liste. **B** pose des questions pour les deviner. (B→A)

Exemple **B** *Tu veux un portable?*
A *Non, j'ai déjà un portable.*
B *Tu voudrais un lecteur DVD?*
A *Oui! Je voudrais bien regarder des DVD dans ma chambre!*

3 À deux: mettez-vous d'accord sur le gadget:
a le plus utile
b le plus cher
c le plus amusant

Exemple *Un portable est plus utile qu'un appareil photo numérique.*

4 Choisis quatre gadgets et explique pourquoi tu voudrais les avoir comme cadeaux. (+/- 80 mots)

Exemple *Comme cadeau, je voudrais avoir un clavier électronique parce que j'aime beaucoup la musique et je voudrais apprendre à jouer d'un instrument de musique.*

---

je veux = I want
je voudrais = I would like (more polite!)
(To see the full pattern of the verb *vouloir*, go to page 145.)

Grammaire

Pour comparer...
plus + adj + **que**
moins + adj + **que**

Voir page 131.

84 quatre-vingt-quatre

Les progrès technologiques 5.2

LES ANNÉES 50

Je me souviens* des années 50. Pour la musique, on écoutait des disques en vinyle sur ❶. Ma mère adorait son poste de radio à transistor parce qu'il était portable. *je me souviens = I remember

❷ était un luxe. Les images étaient en noir et blanc et il y avait une seule chaîne. Je regardais Omer, le petit canard qui parlait.

Pour parler à ses amis, il y avait ❸. Il était grand avec un cadran rond à chiffres et à lettres.
On faisait MON pour Montmartre, et les quatre chiffres du numéro. À la campagne, on passait par l'opératrice.

Quand il y avait une nouvelle importante ou urgente, on envoyait ❹ : c'était le message écrit le plus rapide.

Le week-end, les gens jouaient à ❺, comme *le Monopoly* et le *Jeu de l'oie*.

5a Lis l'article. Remplace les chiffres 1–5 avec les mots de la boîte.

> le téléphone • la télévision • un télégramme
> un tourne-disque • des jeux de société

5b Écoute et vérifie.

6 **Grammaire:** trouve les verbes à l'imparfait et traduis-les.

Exemple *On écoutait des disques en vinyle.*
= People used to listen to vinyl records.

7a Relie à un paragraphe du texte.

a Maintenant, on a des portables pour parler, envoyer des SMS et prendre des photos et des vidéos.
b Maintenant, on peut envoyer un email ou un SMS parce que c'est plus rapide.
c Maintenant, il y a des consoles de jeux électroniques.

7b Écris des phrases similaires pour les deux paragraphes qui restent.

Exemple *Maintenant, on a...*

Grammaire

The imperfect (*l'imparfait*)
The imperfect tense is used to say how things used to be:
C'était génial. = It was great.
Il y avait une seule chaîne.
= There was only one channel.

j'écout**ais**	nous écout**ions**
tu écout**ais**	vous écout**iez**
il / elle / on écout**ait**	ils / elles écout**aient**

Voir page 138.

Visit **Clic!** OxBox

quatre-vingt-cinq 85

5.3 Un saut dans le futur

- Saying what you think life will be like in 100 years

Forum-Internet

Benjamin, Paris:
Salut, tout le monde! Au collège, je dois faire une rédaction: <u>La vie dans 100 ans</u> et je cherche des idées. Au secours*!
Envoyez-moi vos idées.
*Help!
1. Dans 100 ans, l'école sera comment?
2. Il y aura quels moyens de transport?
3. Quels seront les avancées technologiques les plus importantes?
4. Il y aura toujours des problèmes écologiques?

Forum-Internet

Chloé, Aix-en-Provence:
À mon avis, l'école sera très différente dans 100 ans. On travaillera sur un ordinateur à écran à trois dimensions et il n'y aura plus de professeurs. Pour les transports, je pense que tout le monde aura un mini-avion personnel pour les longs voyages et une planche à roulettes à moteur pour les courtes distances. On aura des robots domestiques qui contiendront des minuscules ordinateurs. Ils feront tout le travail à la maison – super pratique! Malgré les efforts pour limiter la pollution, le climat de la Terre continuera à se réchauffer.

1 Écoute et lis. Réponds en anglais.
a Where does Chloé think people will use 3D screens?
b What does she say about teachers?
c What two means of transport does she think people will use?
d What does she think will revolutionise housework?
e What does she say about global warming?

2 Grammaire: trouve tous les exemples de verbes au futur dans le message de Chloé et traduis-les en anglais.

Exemple *l'école sera très différente* = school will be very different

Grammaire

Le futur

There is a special tense to talk about the future.

1 Regular verbs are easy to form in the future tense: just add these endings to the infinitive:

je travaillerai   nous travaillerons
tu travailleras   vous travaillerez
il/elle/on travaillera   ils/elles travailleront

2 Irregular verbs use the same endings, but they are added to a stem that is not the infinitive:

avoir   >   aur-
être   >   ser-
aller   >   ir-

Find out more in Labo-langue, page 91.

quatre-vingt-six

Un saut dans le futur

5.3

Forum-Internet

Axel, Chambéry:

Je crois que dans 100 ans la population du monde sera énorme et il ne restera pas beaucoup de place. On ira au collège dans une tour de 200 étages, mais on aura aussi des cours à la maison. À la maison, on aura un mur-écran qui sera pour la télé, mais aussi pour l'ordinateur et les jeux. On pourra communiquer avec le monde entier.

À mon avis, on prendra des transports qui ne pollueront pas. On inventera une voiture qui produira sa propre électricité avec des capteurs solaires.

Je pense que la majorité des animaux en danger aujourd'hui seront tous morts, mais les gens vivront plus longtemps parce que le SIDA et les cancers n'existeront plus.

3 Lis le message d'Axel. Comment dit-il…?
   a   I believe that
   b   in my opinion
   c   I think that

4 Relis le message et complète les phrases en anglais.
   a   Axel believes that in 100 years there won't be much space for people because…
   b   There will be a… to communicate with the world.
   c   Transports in the future won't…
   d   In his opinion, the endangered species…
   e   Thanks to progress in medicine, …

5 Imagine que tu es Axel. Mémorise son message pendant trois minutes. Ensuite, de mémoire, réponds aux questions 1–4 de Benjamin.

   Exemple   *1 On ira au collège dans une tour de 200 étages…*

6 Écris ta réponse aux questions de Benjamin (+/- 100 mots). (Pour donner son opinion, voir activité 4. Pour les verbes au futur, voir Labo-langue, pages 90–91.)

On passera ses vacances sur Mars?

Les grandes villes seront inondées?

Le livre sera mort?

5.4 C'est la vie!

1a Regarde le clip. Décris ce qui se passe en anglais.

1b Regarde le clip. Vrai ou faux? Corrige les phrases fausses en anglais.

a Anthony works on the Naturescope website.
b Youngsters go to the Frioul islands by train.
c Anthony organises a cleaning operation.

2a Lis les légendes a–d. Trouve comment dire:
1 one of the most efficient ways
2 gloves
3 litter

a Pour Anthony, l'Internet est un des moyens les plus efficaces pour sensibiliser les gens.
b On met des gants et on cherche toutes les petites pièces de plastique et de verre.
c On met les déchets dans de grands sacs en plastique.
d Anthony explique au groupe ce qu'il faut faire.

Anthony est éducateur à l'environnement marin. Il travaille dans une association de protection de l'environnement.

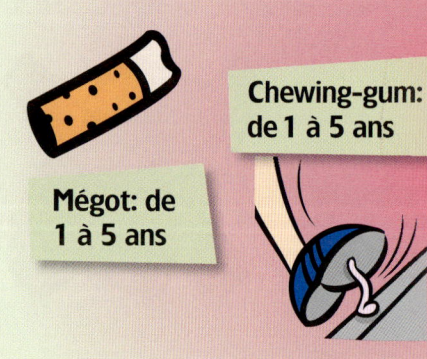

2b Relie les légendes aux photos.

Mégot: de 1 à 5 ans
Chewing-gum: de 1 à 5 ans
Canette alu: de 10 à 100 ans
Plastique: de 100 à 1 000 ans

88 quatre-vingt-huit

C'est la vie! 5.4

3a Complète les conseils avec les mots de la boîte.

- l'eau
- la nature
- les papiers
- respectez
- la lumière
- jetez

Alors, quels sont les trois conseils que tu peux donner aux jeunes pour protéger l'environnement?

Carine: Alors, il ne faut pas jeter ① par terre, il faut mettre les déchets dans les poubelles et il faut aimer ②.

Natacha: Ne gaspillez pas ③, triez les déchets et éteignez ④.

Anthony: Ne ⑤ rien par terre, ne gaspillez pas l'eau et ⑥ la nature.

3b Regarde le clip pour vérifier.

3c Qui l'a dit: Carine, Natacha ou Anthony?

a Don't waste water. (*2 personnes*)
b You should put your rubbish in a bin.
c Sort your rubbish.
d You shouldn't throw stuff on the ground. (*2 personnes*)
e Turn off the lights.

4 Lis l'email d'Anthony. Explique en anglais ce qu'il fait et pourquoi il trouve son travail important.

> Même quand j'étais petit, la nature, c'était ma passion. Mon travail à Naturoscope, c'est d'organiser un site web avec des infos et des conseils. Je fais des recherches et j'écris des articles sur les problèmes de l'environnement et les actions écologiques possibles.
> Je parle aussi avec les jeunes dans les collèges. La Terre est en danger. Mon travail aide à la protéger – voilà pourquoi je trouve ça important.

Défi!

Imagine que tu veux faire un stage à Naturoscope. Écris une lettre à Anthony. Explique:
- ta personnalité (qualités utiles pour le travail)
- tes centres d'intérêt (relatifs au stage)
- ce que tu fais pour protéger l'environnement
- pourquoi il est important de protéger la planète

NATUROscope
Centre d'Etude et d'Initiation à l'Environnement
BESOIN DE NATURE ENVIE D'AGIR
www.naturoscope.fr

quatre-vingt-neuf 89

5.5 Labo-langue

Talking about the future

As in English, there is more than one way to talk about the future in French.

A the present tense (*le présent*)
Use the present tense for something that is certain to happen very soon:

Le train part dans deux minutes.
= The train leaves in two minutes.

B *aller* + infinitive
Use the present tense of the verb *aller* followed by an infinitive to talk about something that is <u>going to happen</u> soon or in the near future:

Je vais acheter un nouveau portable.
= I'm going to buy a new mobile phone.

C *Je voudrais* + infinitive
Use *Je voudrais* to express a wish, something you would like to happen in the future, but which is not certain:

Je voudrais gagner une médaille aux Jeux Olympiques.
= I would like to win a medal at the Olympic Games.

1 Do these sentences fall into group A, B or C?
a Je voudrais aller en France.
b Je fais mes devoirs après cette émission.
c Ils vont se marier le plus tôt possible.
d Vous allez acheter un ordinateur portable?
e Je voudrais avoir un job le samedi.
f On se téléphone?

2a Copy these sentences with the right form of *aller*.
a Je ✶✶✶ envoyer SMS à ma copine en France.
b Tu ✶✶✶ acheter un appareil photo numérique?
c Mon frère ✶✶✶ se marier en juin.
d Vous ✶✶✶ avoir un job pendant les vacances?
e Qu'est-ce qu'on ✶✶✶ faire demain soir?
f Nous ✶✶✶ recycler le papier.
g On ✶✶✶ trier les dechets.
h Elles ✶✶✶ jouer au Monopoly.

2b Translate the sentences in 2a into English.

3 Translate these sentences into French, using *aller* + infinitive or *je voudrais*.
a We are going to stay at home.
b Are you going to play board games?
c I'm not going to send a text.
d The boys are going to go out on Saturday evening.
e I would like to eat a vanilla ice cream.
f You are going to love your present.
g I'd like to visit France.

Labo-langue 5.5

D the future tense (*le futur*)

There is a special future tense to talk about the future, particularly the distant future.

On passera ses vacances sur Mars.

Regular future tense verbs are easy to form: just add these endings to the infinitive:

je travaillerai   **nous travailler**ons
tu travailleras   **vous travailler**ez
il/elle/on travaillera   **ils/elles travailler**ont

(A good way to remember the endings is that they are almost the same as the present tense of *avoir: j'ai, tu as, il a*, etc. Which two are slightly different?)

Irregular verbs use the same endings, but they are added to a stem that is not the infinitive. Here are some common ones:

avoir ➡	au- ➡	j'aurai
être ➡	ser- ➡	je serai
aller ➡	ir- ➡	j'irai
faire ➡	fer- ➡	je ferai
pouvoir ➡	pourr- ➡	je pourrai
voir ➡	verr- ➡	je verrai

4 Pick out the future tense verbs.

- elle regardera
- nous avions
- j'irai
- tu téléphoneras
- il se mariera
- elles se marient
- on partait
- vous demandez
- ils seront
- je pourrai
- tu faisais

5 Translate these predictions into English.

a Tu auras beaucoup d'argent.
b Il fera beau temps et il ne pleuvra pas.
c Mon oncle ne sera jamais content.
d Je parlerai trois langues.
e Nous visiterons beaucoup de pays.

6 Use future tense verbs to write Madame Voitout's predictions for Paul.

Example   *a Tu travailleras en France.*

a travailler en France
b manger des escargots
c accepter une invitation importante
d être très riche
e avoir une belle maison
f faire le tour du monde

7 Write eight predictions of what you might do next year.

Example   *Je ferai une grande fête pour mon anniversaire.*

quatre-vingt-onze 91

5.6 clic-forum — Writing (1)

I never know where to start when we have to write in French.

What do I need to know if I want to write a letter?

Whether you have to write an e-mail, a letter, a factual text or an imaginative piece, here are some tips to help you.

- Make sure you understand the task and, if appropriate, how many words you need to write.
- Don't start writing straight away. Take a bit of time to plan.
- Start by making a list of possible paragraph headings. If you are writing about what you are allowed to do at home, these might be: *vêtements / musique / sorties / copains*, etc.
- Jot down any key words or phrases you could use alongside each paragraph heading or as a mind map. For example: *vêtements – mes parents sont cool, je peux m'habiller comme je veux...*
- Make a note of how many words you plan to write for each paragraph. If you have to write 120 words, you might choose four paragraphs with 30 words each. Allow some words for an introduction or conclusion.
- Think about the tenses you are going to use. Often it can be a good idea to introduce more than one tense.
- Write a rough draft with the basic ideas you want to include.
- Write a second draft adding in descriptions, opinions and examples to make your writing more interesting and varied. Link ideas together with words like *et, mais, par contre*, etc.

There are two different types of letter: informal (to a friend or someone your own age) and formal (if you want to make a reservation or ask an organisation for information, for example).

For both types of letter, write the name of your town and the date in the top right-hand corner:

Bradford, le 28 septembre 20XX

Informal

To start:	*Cher* + boy's name
	Chère + girl's name
	Chers + plural noun (*amis*, etc.)
In the letter:	Use *tu* (unless the letter is to more than one person).
	Ask questions occasionally. *Et toi?* is a useful expression.
To end:	*Écris-moi bientôt* or *Réponds-moi vite.*
	À bientôt, Grosses bises or *Bisous* + your name

Formal

To start:	*Monsieur* or *Madame*
In the letter:	Use *vous*.
	Stick to the point, don't be chatty.
To end:	*Veuillez agréer, Monsieur* (or *Madame*), *l'expression de mes meilleurs sentiments*

1 Turn to activity 10 on page 83. Use the advice above. Discuss with a partner which of the tips were helpful.

2 Write a letter to a French penfriend (+/− 80 words), describing what you used to do when you were seven years old.

3 Write a short letter to *Les Amis de la Terre*, asking for brochures.

quatre-vingt-douze

Tu sais tout?

clic! TEST

5.6

Écoute!

1 Listen and note two things each speaker (1–6) is or is not allowed to do.

Example 1 = *is allowed to wear what he wants is not allowed to have piercings.*

Lis!

2 Read Martin's view of the future. Answer the questions.

Example 1 = *at home on a computer, with no teachers*

1 Where will school work be done?
2 What does he think transport will be like?
3 Will people live longer than they do now? Why (not)?
4 What will games be like?
5 Will family life be the same?
6 Is Martin mainly optimistic or pessimistic about the future? Give reasons for your answer.

Martin: Je pense que tout sera très différent dans 100 ans. On n'ira plus au collège mais on travaillera sur un ordinateur interactif à la maison. Il n'y aura plus de professeurs.
Pour les transports, je pense que les transports individuels n'existeront plus. Les transports en commun seront obligatoires et sans risque d'accident.
On vivra plus de cent ans parce que le SIDA et les cancers n'existeront plus. Par contre, beaucoup d'animaux et de plantes seront morts.
Pour les jeux, tout sera électronique et le joueur sera au milieu de l'action.
On ne se mariera plus et on n'habitera plus dans des maisons individuelles. Le climat de la Terre continuera à se réchauffer et il y aura encore beaucoup de problèmes.

Parle!

3 Explain these technological advances.

Example a *Avant, on lavait les vêtements à la main et maintenant on utilise une machine à laver.*

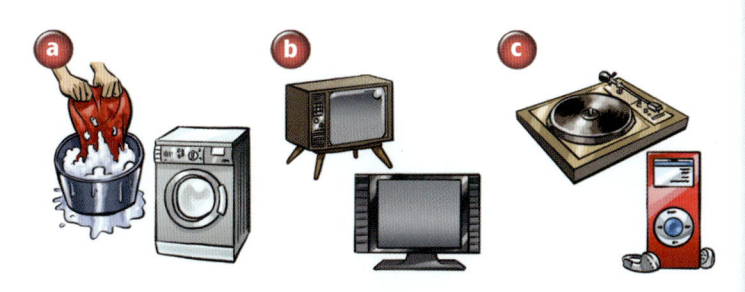

Écris!

4 Write a paragraph about what you are/are not allowed to do at home, giving the following information. Use at least three different connectives (*et, mais, ou, alors, etc.*).

Example a *J'ai le droit de me coucher quand je veux le week-end mais je n'ai pas le droit de me coucher à dix heures pendant la semaine.*

a time you have to go to bed
b whether you are allowed to go out in the evening
c whether you can invite friends to your home
d whether there are any restrictions on the clothes you wear
e whether you are allowed to have a TV or computer in your room
f whether you are allowed to have a pet

quatre-vingt-treize 93

5.7 Quel dilemme!

Lecture

LUNDI
C'est la rentrée*! Mon premier jour au lycée*. Après les vacances, c'est nul. Le lycée, ce n'est pas comme le collège. Au collège, je connaissais tous les profs et il y avait tous mes copains mais ici, je ne connais personne.

la rentrée = return to school after summer holidays
le lycée = school for pupils 16+

MARDI
J'ai un nouveau copain qui s'appelle Jérémy, et deux copines, Océane et Karima. En général, mes camarades de classe sont sympa. Mais je déteste Bruno. Il est gros. Il fait beaucoup de bruit et énerve tout le monde. En plus, c'est un racketteur. Il a pris le portable de Simon ce matin mais je n'ai rien fait.

JEUDI
C'est mon anniversaire! Mes grands-parents m'ont donné de l'argent et j'ai eu des cadeaux. Mon meilleur cadeau, c'est le baladeur MP3 que mes parents m'ont donné. Après, le lycée, il faisait beau alors je suis allé au café avec Jérémy, Karima et Océane.

SAMEDI
Catastrophe! Après le cours de techno, Bruno m'a vu dans le couloir avec mon baladeur MP3. Il m'a arrêté et il a dit: « Pas mal, ton baladeur!» Je lui ai dit de ne pas toucher. Il m'a poussé contre le mur et il a pris mon baladeur. Il a ri et il est parti...

Pierre s'est fait racketter. On lui a pris son nouveau baladeur. Qu'est-ce qu'il va faire?

1 Lis le journal de Pierre et choisis le meilleur résumé.
a Boy's new friend is a bully
b Boy accosted by bully in new school
c Boy becomes a bully when he moves to a new school

2 Trouve dans le texte les équivalents en français.
a I used to know all the teachers.
b all my mates were there
c I don't know anyone
d he gets on everybody's nerves
e he took Simon's mobile phone
f the weather was fine
g he pushed me against the wall

3 Qui sont: Pierre, Jérémy, Karima, Océane, Bruno? Explique en anglais leur rôle dans l'histoire.

Example *Pierre is the boy who wrote the diary. He starts at a new school.*

4 Choisis la fin la plus probable à ton avis? Quels sont les points forts et les points faibles de chaque solution?
a Pierre parle à Bruno et lui demande son baladeur MP3.
b Pierre demande à ses parents de l'aider.
c Pierre explique le racket à un professeur.
d Pierre et ses copains menacent* Bruno.

menacer = to threaten

Défi!
Écris le journal de Pierre pour le lundi suivant.

94 quatre-vingt-quatorze

clic-mag

Lecture 5.7

Pollution à l'ozone

C'est un scandale. On respire mal, surtout dans les grandes villes. Vous savez que l'ozone est dangereux, mais savez-vous ce que c'est exactement? D'où vient-il?

La pollution est causée:
- par les transports qui rejettent des gaz toxiques dans l'air. Plus* il y a de voitures, plus il y a de pollution.
- par les usines. Récemment, les industries ont pris des mesures pour limiter cette pollution, mais il y a toujours des problèmes.
- par le chauffage dans nos maisons et appartements.

Quand il y a du soleil, les rayons solaires transforment les gaz toxiques dans l'air en ozone.

plus... plus... = the more... the more...

dioxyde d'azote + oxygène + rayons solaires
= ozone (+ monoxyde d'azote)

Chaque année, la pollution de l'air dans les villes de France est responsable de la mort de plus de 200 personnes. Les enfants, surtout les bébés, sont les principales victimes de l'ozone. Quand il y a un pic de pollution à ozone, les hospitalisations dûes à l'asthme chez les enfants augmentent de vingt-cinq pour cent.

Qu'est-ce qu'on peut faire?

Les voitures sont aujourd'hui la première cause du problème. Alors...

- pour les courts voyages, allez à pied ou à vélo. À Paris et dans beaucoup de grandes villes en France, il y a des pistes réservées aux cyclistes. À Amsterdam, en Hollande, 13 personnes sur 50 se déplacent à vélo.
- pour les voyages plus longs, choisissez les transports en commun. Un bus transporte plusieurs passagers en même temps, alors il pollue 10 à 20 fois moins qu'une voiture.
- dans les villes comme Nice, Rouen ou Strasbourg, prenez le tramway. C'est électrique et ça pollue beaucoup moins.
- achetez une voiture électrique. Elle pollue très peu.

1 Lis l'article. Quelle est la cause principale de la pollution de l'air?

2a Read the first text. What are the 3 causes of ozone pollution?

2b Read the second text. What are the 5 modes of transport you can use to reduce pollution?

3 Trouve l'équivalent en français:

a where traffic is concentrated
b expel toxic gases into the air
c factories
d heating
e increase by 25%
f it's better to choose

4 Explain in English why these cities are mentioned in the article.

a Nice
b Paris
c Amsterdam

5 Résume les points les plus importants de l'article en anglais (+/- 100 mots).

Visit clic! OxBox

quatre-vingt-quinze 95

5.8 Vocabulaire

J'ai le le droit?	**Am I allowed?**
J'ai le droit de (or d')...	I am allowed to...
Je n'ai pas le droit de (or d')...	I am not allowed to...
m'habiller comme je veux.	dress how I want.
mettre ma musique à fond.	play my music loud.
me coucher quand je veux.	go to bed when I want.
sortir le soir.	go out in the evening.
avoir un ordinateur dans ma chambre.	have a computer in my bedroom.
inviter des copains chez moi.	invite friends round to my place.
avoir des piercings.	have piercings.
avoir un job / un animal.	have a job / a pet.
À quel âge a-t-on le droit de se marier?	At what age are you allowed to get married?
On a le droit de se marier à 16 ans.	You are allowed to get married at 16.
Au Maroc, un garçon peut se marier à 18 ans.	In Morocco, a boy can get married at 18.
Une fille peut se marier à 16 ans.	A girl can get married at 16.
Moi, je pense qu'à 14 ans, on est trop jeune.	I think that you're too young at 14.
Moi aussi!	Me too!

Les pays	**Countries**
l'Afrique du Sud	South Africa
l'Algérie	Algeria
la Chine	China
les États-Unis	United States
la France	France
la Grande-Bretagne	Great Britain
le Japon	Japan
le Luxembourg	Luxemburg
le Maroc	Morocco
la Turquie	Turkey
le Viêt Nam	Vietnam

Les progrès technologiques	**Technological progress**
Pour Noël, je voudrais...	For Christmas, I'd like...
Je veux...	I want...
un portable	a mobile phone
un clavier électronique	an electronic keyboard
un baladeur MP3	an MP3 player
un ordinateur portable	a laptop computer
un appareil photo numérique	a digital camera
une console PS3	a PS3 console
une machine à karaoké	a karaoke machine
un lecteur DVD	a DVD player
Tu voudrais un lecteur DVD?	Would you like a DVD player?
Mon cadeau préféré serait un clavier électronique.	My favourite present would be an electronic keyboard.
Un portable est plus utile qu'un appareil photo numérique.	A mobile phone is more useful than a digital camera.

C'était comme ça	**That's how it was**
Dans les années 50...	In the 1950s...
on écoutait des disques en vinyle.	people used to listen to vinyl records.
on avait un tourne-disque.	people had a record player.
la télévision était un luxe.	TV was a luxury.
les images étaient en noir et blanc.	pictures were in black and white.
il y avait une seule chaîne.	there was only one channel.
au téléphone, on passait par l'opératrice.	on the telephone, you used to go via the operator.
on envoyait un télégramme.	people sent a telegram.
les gens jouaient à des jeux de société.	people played board games.

Maintenant...	**Now...**
on a des portables pour envoyer des SMS.	we have mobile phones to send text messages.
il y a des consoles de jeux électroniques.	there are electronic games consoles.

Le futur...	**The future...**
Dans 100 ans, l'école sera comment?	What will school be like in 100 years' time?
Il y aura quels moyens de transport?	What means of transport will there be?
Quelles seront les avancées technologiques les plus importantes?	What will be the most important technological advances?
Il y aura toujours des problèmes écologiques?	Will there still be environmental problems?
On travaillera (sur un ordinateur à écran à trois dimensions).	People will work (on 3D screens).
Il n'y aura plus de (professeurs).	There won't be any more (teachers).
Tout le monde aura (un mini-avion).	Everyone will have (a mini-plane).

quatre-vingt-seize

Vocabulaire 5.8

Le climat de la Terre continuera à se réchauffer.	The Earth's climate will continue to get warmer.
On ira au collège.	We'll go to school.
On fera des cours à la maison.	We'll do lessons at home.
Les gens vivront plus longtemps.	People will live longer.
Le SIDA et les cancers n'existeront plus.	Aids and cancer will no longer exist.

Une vie plus écolo — A greener lifestyle

un éducateur	an instructor
une association de protection de l'environnement	an association for the protection of the environment
protéger l'environnement	to protect the environment
sensibiliser le public	to raise public awareness
un site web	a website
une poubelle	rubbish bin
nettoyer	to clean
sale	dirty
propre	clean
donner des conseils	to give advice
Il ne faut pas jeter les papiers par terre.	You mustn't throw papers on the ground.
Il faut mettre les déchets dans les poubelles.	You have to put rubbish into bins.
Ne gaspillez pas l'eau.	Don't waste water.
Triez les déchets.	Sort rubbish.
Éteignez les lumières.	Put out lights.

Pour écrire une lettre (à un ami / une amie) — To write a letter (to a friend)

Cher + *boy's name*	Dear…
Chère + *girl's name*	Dear…
Chers + *plural noun*	Dear…
Écris-moi bientôt / Réponds-moi vite.	Write soon.
À bientôt	See you soon
Grosses bises	Love from
Bisous	Love from

Plus officiel — More official

Monsieur	Dear Sir
Madame	Dear Madam
Veuillez agréer, Monsieur (ou Madame), l'expression de mes meilleurs sentiments	Yours sincerely

1 Make up as many sentences as you can about the pictures using the words / phrases on this page.

quatre-vingt-dix-sept 97

Pourquoi apprendre le français?

Pour préparer un meilleur avenir!

Quelles matières fais-tu cette année? Et l'année prochaine? C'est pareil en France?

Voir page 100.

Tu fais ou tu vas faire un petit boulot?

Qu'est-ce qu'Emma de Caunes et Johnny Depp ont en commun?

Voir page 105.

C'est quoi, le métier de rêve pour toi?

Que feras-tu dans 20 ans?

Voir page 102.

98 quatre-vingt-dix-huit

Préparer l'avenir 6

Franck, surveillant dans un collège

Il faut être autoritaire ou tolérant?

Voir page 106.

Ton copain ne va pas en cours. Tu vas mentir aux profs pour lui? À toi de décider!

Voir page 112.

Voir page 110.

Comment corriger un texte?

Comment améliorer un texte?

À la fin de l'unité 6, reviens ici et réponds aux questions!

quatre-vingt-dix-neuf 99

6.1 Choisir ses études

• Choosing future studies

	lundi	mardi	mercredi	jeudi	vendredi
8 h 30	🇬🇧	physique	⚽	permanence*	🇫🇷
9 h 30	espagnol	physique		📓	
10 h 25	Récréation				
10 h 40	🇫🇷	🎵	📓	🇫🇷	espagnol
11 h 40	permanence	🇬🇧	histoire-géo	espagnol	biologie
12 h 35	Repas				
14 h 00	histoire-géo	🇫🇷		🇬🇧	informatique
15 h 00	⚽	technologie		arts plastiques	📓
15 h 55	Récréation				
16 h 10	biologie	📓		histoire-géo	permanence
17 h 05					

*study time

NB: L'emploi du temps est le même en 4ème et en 3ème (avec une option de trois heures en plus en 3ème)

1 Écoute Clément et lis. Note les matières illustrées sur son emploi du temps.

Exemple *Le lundi à 8 h 30, c'est anglais.*

2 Écoute dix élèves et regarde l'emploi du temps. Sont-ils en 4ème E4?

Exemple *1 Non*

3 À deux: choisissez un jour. Regardez l'emploi du temps. (B→A)

Exemple **B** *Il y a quoi le lundi matin, à 8 h 30?*
A *Il y a anglais.*
B *Oui, un point.*

4a Relis ce que dit Clément. Note tous les verbes:
a au passé b au présent c au futur

4b Complète pour toi.
L'année dernière, *j'étais* en... ; *j'avais*... matières. *Je faisais*...
Cette année, je suis en... / j'ai... / je n'ai pas...
L'année prochaine, je serai / je ferai / j'aurai...

Le sais-tu?
Le collège
la sixième (6e) = Year 7
la cinquième (5e) = Year 8
la quatrième (4e) = Year 9
la troisième (3e) = Year 10
▶ le brevet des collèges (+/− GCSE)
Le lycée
la seconde = Year 11
la première = Year 12
la terminale = Year 13
▶ le baccalauréat (+/− A levels)

Clément, 14 ans
Cette année, je suis en quatrième. J'ai douze matières obligatoires: je fais français, maths, histoire-géo, anglais, espagnol, SVT (sciences et vie de la terre), sciences physiques, EPS (sport), technologie et informatique, arts plastiques et musique. L'année dernière, j'étais en cinquième. J'avais les mêmes matières mais je ne faisais pas encore espagnol. J'ai commencé l'espagnol cette année. L'année prochaine, je serai en troisième. Là, j'aurai encore les mêmes douze matières mais en plus, je ferai une option de trois heures, soit* latin, soit *Découverte Professionnelle*. Je ferai ça parce que je veux apprendre à connaître le monde du travail.

*soit... soit = either... or

Grammaire
Rappel: futur
Je serai / tu seras = I / you will be
J'aurai / tu auras = I / you will have
Je ferai / tu feras = I / you will do

Choisir ses études

6.1

Voici Fleur. Elle a 14 ans. Fleur est française mais elle habite à Londres et elle est en Year 9.

«Le trimestre dernier*, j'ai choisi mes options pour Year 10. (En France, on se spécialise beaucoup ① tôt. Il faut attendre ②.) L'année prochaine, j'aurai cinq matières obligatoires: anglais, maths, sciences, éducation religieuse et informatique (en France, il y en a ③!) et six options: je ferai français parce que je trouve ça facile(!), EPS parce que c'est ma matière préférée, biologie et chimie parce que je suis forte* dans ces matières, physique parce que ça m'intéresse et je suis assez bonne, et arts plastiques parce que j'aime ça. Je ne ferai plus espagnol parce que ça ne m'intéresse pas du tout ni techno parce que je suis nulle!   *last term
   good at

À la fin de Year 11, il y aura les GCSE. (C'est un peu comme le ④ en France.) Après ça, je ferai quatre AS levels et sans doute* quatre A levels: maths, biologie, chimie et physique. (Les A levels, c'est l'équivalent du ⑤ mais en France, il y a beaucoup ⑥ de matières obligatoires – ⑦ – et il y a aussi ⑧ options facultatives*.)   *probably
   optional

Moi, plus tard, je voudrais faire des études de médecine à l'université. Et toi, quelles matières obligatoires auras-tu l'année prochaine? Quelles options feras-tu? Pourquoi? Quelles études voudrais-tu faire plus tard?»

Le brevet des collèges est le premier examen des élèves français.

5a Lis le texte. Remplis les blancs.

moins   plus   deux   huit   douze
la première   baccalauréat   brevet des collèges

5b Écoute pour vérifier.

6a Recopie les expressions de la boîte à droite dans ton cahier.

6b Écoute le micro-trottoir. Numérote les expressions que tu as recopiées dans l'ordre où tu les entends.

7 Réponds aux questions de Fleur. Utilise les expressions de la boîte.

L'année prochaine, comme matières obligatoires, j'aurai *(maths)*
Comme options, j'ai choisi *(anglais)*
Je ferai… / Je ne ferai plus *(biologie)* parce que…
… je trouve ça facile / difficile
… c'est ma matière préférée
… je suis fort(e) / assez bon(ne) / nul(le) en…
… ça m'intéresse / ça ne m'intéresse pas
… j'aime ça / je déteste ça
Plus tard, je voudrais / j'aimerais bien…

Visit Clic! OxBox

cent un 101

6.2 Métiers de rêve

● Discussing jobs you'd like to do

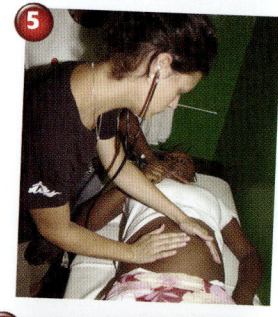

a acteur / actrice
b moniteur / monitrice d'équitation
c traducteur / traductrice
d chanteur / chanteuse
e développeur / développeuse multimédia
f footballeur / footballeuse
g musicien / musicienne
h informaticien / informaticienne
i infirmier / infirmière aux urgences
j avocat / avocate
k vétérinaire
l océanologue
m styliste
n médecin
o mannequin

1a Regarde les photos. Trouve le nom des métiers dans la liste.

1b Écoute pour vérifier.

2a Écoute et regarde les photos. Qui parle?

2b Réécoute et note trois détails pour chacun en français.

3 À deux: B choisit quelqu'un sur les photos. A pose des questions (Il ou Elle...) pour deviner. (B→A)

Exemple   A *Il ou Elle est fort / forte en sport?*
          B *Oui.*
          A *Elle est footballeuse?*
          B *Non! etc.*

anglais: I am a + *job*.
français: Je suis + *métier*.

Défi!

Toutes les personnes sur les photos disent: "Parler une langue étrangère, c'est essentiel." Pourquoi, à ton avis?

Exemple *la chanteuse = C'est utile quand elle voyage pour ses concerts.*

Grammaire

Job titles: masculine or feminine
Typical endings are:

♂	-eur	-t	-ier	-ien
♀	-euse	-te	-ière	-ienne

⚠ Jobs ending in –e *(dentiste)* + specific professions *(professeur)* stay the same.

102 cent deux

Métiers de rêve 6.2

Qu'est-ce que tu voudrais faire comme métier?
Tu ne sais pas? Pour t'amuser, fais ce quiz mais ne le prends pas trop au sérieux!

Dis-moi qui tu es et je te dirai quel métier tu feras!

Choisis la réponse qui te correspond le mieux.

1 Quelles matières feras-tu quand tu seras au lycée?
- ○ Je ferai langues et histoire-géo.
- □ Je ferai maths et sciences.
- △ Je ferai arts ou sport.

2 Si tu as le bac, qu'est-ce que tu feras?
- ○ Je partirai un an à l'étranger.
- △ J'apprendrai un métier.
- □ J'étudierai à l'université.

3 Que feras-tu quand tu commenceras à travailler?
- △ Je travaillerai dur pour être le meilleur!
- ○ Je ferai plusieurs petits boulots.
- □ Je trouverai un travail stable.

4 Que feras-tu quand tu auras 30 ans?
- △ Je serai célèbre!
- ○ Je voyagerai beaucoup.
- □ J'aiderai les autres.

5 Quelles sont tes principales qualités?
- △ extraverti(e), dynamique, passionné(e)
- □ travailleur/euse, généreux/euse, organisé(e)
- ○ aventureux/euse, actif/ive, curieux/curieuse

Résultats:

Une majorité de △
Né(e) pour être une star! Si tu travailles beaucoup, tu seras peut-être un jour sportif/ive de haut niveau ou vedette de cinéma ou de la chanson!

Une majorité de ○
Rien ne t'arrête, même pas la guerre! Si tu as du courage, de la détermination et beaucoup de curiosité, tu feras peut-être de grands reportages ou de l'exploration, sur terre ou sur mer!

Une majorité de □
Le cœur sur la main! Si tu veux aider les autres, tu trouveras un travail dans l'aide humanitaire, dans ton pays ou à l'étranger.

---

4 Fais le test. Quel métier pour toi? Tu es d'accord?

5 À deux: **A** pose les questions. **B** donne une réponse personnelle. **A** choisit un métier (page 102) pour **B**! (B→A)

Exemple **A** Quelles matières feras-tu quand tu seras au lycée?
B Je choisirai anglais, sociologie et musique. Etc.

6a Écoute. C'est qui sur la photo: Laure, Léa ou Camille?

6b Réécoute. Recopie et complète pour chacune.

> Comme métier, j'aimerais bien être ❶ parce que je suis fort(e) en ❷. Je suis ❸.
> J'aime ❹. Mon rêve, c'est de ❺!

6c Complète pour toi!

Grammaire

quand + *future tense*
Quand tu travailleras plus dur, tu réussiras.
= *When you work harder, you will succeed.*

si + *present tense*
Si tu travailles plus dur, tu réussiras.
= *If you work harder, you will succeed.*
(Voir Labo-langue page 109.)

Camille, 14 ans

Visit Clic! OxBox

cent trois 103

6.3 Petits boulots et grands projets

● Part-time jobs and ambitions

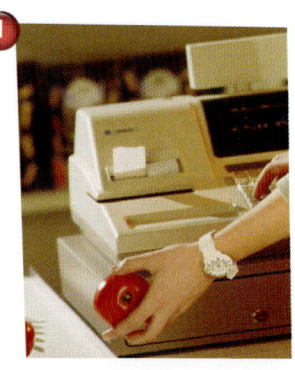

1a Relie les photos-mystère aux petits boulots.

1b Écoute pour vérifier.

1c Réécoute (1–9). Ils parlent au passé (P), au présent (Pr) ou au futur (F)?

2 À deux: jouez avec un dé. Marquez un point par phrase correcte. Dites tous les petits boulots pour gagner!

Les petits boulots

a travailler dans un magasin
b travailler dans un restaurant
c garder des enfants
d vendre des glaces
e distribuer des prospectus
f aider à la maison
g faire des courses
h faire du soutien scolaire
i promener des chiens

⚀ ou ⚁ = Parle au passé!
J'ai promené des chiens.

⚂ ou ⚃ = Parle au présent!
Je promène des chiens.

⚄ ou ⚅ = Parle au futur!
Je vais promener des chiens.

	Passé	Présent	Futur
travailler	j'ai travaillé	je travaille	je vais travailler
faire	j'ai fait	je fais	je vais faire
vendre	j'ai vendu	je vends	je vais vendre

104 cent quatre

Petits boulots et grands projets

6.3

Avant d'être une star...

Emma de Caunes

Petite, elle rêvait d'être ① ou ②. Elle détestait l'③ et séchait beaucoup de cours*, mais elle a réussi à passer un bac option ④. Quand elle était ado*, elle a fait des petits boulots. Elle a travaillé dans un ⑤ pendant un été. Elle n'a pas aimé le travail de ⑥ parce que c'était dur, mais elle a gagné assez d'argent pour aller en Argentine! À 16 ans, elle a commencé à jouer dans des ⑦ qui ont eu beaucoup de succès. Puis, à 21 ans, elle a joué son premier grand rôle dans un ⑧ et elle est devenue très ⑨. Elle aimerait devenir ⑩. Elle réussira parce que c'est une jeune femme très déterminée!

*bunked off teenager film director

bar • célèbre • cinéma • cuisinière • école • film fleuriste • publicités • réalisatrice* • serveuse

Emma de Caunes joue avec Rowan Atkinson dans *Les Vacances de Mr Bean*.

Johnny Depp

Petit, il rêvait de devenir guitariste de rock. Il n'aimait rien à l'école, sauf* la musique, ① il a quitté le collège sans diplôme à 15 ans ② il voulait jouer de la guitare dans un groupe. Le groupe n'avait pas beaucoup de succès, ③ Johnny a fait des petits boulots. Il a vendu des stylos par téléphone. Ce n'était pas intéressant ④ c'était facile.

Il s'est marié ⑤ il avait 20 ans et il a divorcé deux ans après. L'acteur Nicolas Cage, qui était un ami de son ex-femme, lui a trouvé un petit rôle dans le film *Nightmare on Elm Street*. ⑥ il a joué un détective dans une série télévisée, *21, Jump Street*, que les jeunes Américaines ont adoré. Il est vite devenu une idole internationale. Il reste discret sur le rôle qu'il jouera dans son prochain film.

*except

Johnny Depp et sa compagne, Vanessa Paradis, actrice et chanteuse française

alors • et • mais • parce que • puis • quand

3 Lis les articles. Complète avec les mots en rouge. Ensuite, écoute pour vérifier.

4 Relis. C'est qui – Emma ou Johnny?
- a worked to earn money to travel
- b sold pens over the phone
- c bunked off school a lot
- d left school without any qualifications
- e joined an unsuccessful band
- f got a first role thanks to a well-known actor
- g is aiming to become a director
- h says little about the next role

5a À deux: imaginez les interviews. (B→A)

A *Emma/Johnny, tu rêvais de faire quel métier quand tu étais petit(e)?*
B *Je rêvais d'être...*

5b Maintenant, réponds aux questions pour toi.

- Tu rêvais de faire quel métier quand tu étais petit(e)?
  Quand j'..., je rêvais de faire... / d'être... / de...
- Tu aimais quelle matière quand tu étais à l'école?
  Quand j'étais à l'école,...
- Tu as déjà fait quels examens?
  J'ai passé...
- Tu as déjà fait des petits boulots?
  J'ai travaillé... / J'ai fait...
- Quels sont tes projets?
  Je voudrais étudier / faire / être...

Visit Clic! OxBox

cent cinq 105

6.4 C'est la vie!

Voici Franck Martinez. Il habite à Marseille. Il est surveillant* dans un collège. *supervisor

1a Regarde le clip. Décris ce que tu vois.

1b Lis les observations a–d et regarde le clip. Vrai ou faux?
   a Les élèves ont le droit de mettre un jean au collège.
   b Ils ne doivent pas mettre de baskets.
   c Ils peuvent travailler sur ordinateur pendant les heures de permanence*.
   d Ils doivent avoir leur carnet de correspondance* quand ils ont permanence.

*cover lesson
student planner

2a Regarde. Quelles questions entends-tu?
   a Quel métier faites-vous?
   b Depuis quand êtes-vous surveillant?
   c Quelles qualités il faut avoir pour être surveillant?
   d Quel est votre emploi du temps?
   e Vous êtes bien payé?
   f En quoi consiste votre travail de surveillant?
   g Qu'est-ce que vous voudriez faire plus tard?
   h Vous aimez votre travail? Pourquoi?

professeur d'EPS; surveillant; depuis quatre ans;
tolérant, juste, autoritaire; oui, très actif et très intéressant
18 heures par semaine; 530 euros par mois;

accueillir* les élèves le matin; en permanence: surveiller*
les récréations et la cantine; récolter les billets d'absence*;
faire rentrer et sortir les élèves

*to look after
to supervise
to collect absence notes

2b Regarde les notes à droite et écris les réponses de Franck aux questions a–h.

2c Regarde encore pour vérifier.
   Exemple a – Je suis surveillant.

106 cent six

C'est la vie! 6.4

Le sais-tu?
- Les élèves appellent les surveillants les "*pions*" et "*pionnes*" pour les filles ('pawn' en anglais).
- Anatole France est un célèbre écrivain français (1844–1924). Il a donné son nom à beaucoup de rues et d'écoles en France.
- Il y a différents accents en France, selon les régions. Quand ils parlent, les Marseillais ont un accent qui "chante"! Écoute bien Franck!

Anatole France

4 Écoute les mêmes phrases dites par Franck, le Marseillais, et par un Parisien. Qu'est-ce que tu remarques?

5 WRITING Écris les bulles de Franck pour les photos A et B. La classe choisit les meilleures bulles.

6 VIDEO Regarde encore les enfants sur le clip vidéo. Que disent-ils de Franck?

a) He's nice and kind but he can be strict when we do silly things.

b) He's nice because he helps us with homework.

c) He's nice but he's far too strict about the homework.

7 READING Lis l'email de Franck. Explique en anglais trois de ses raisons pour être surveillant.

8 SPEAKING Toi, tu aimerais être surveillant(e)? Donne tes raisons personnelles.

Exemple 😊 *Je voudrais être surveillant(e) parce que c'est assez bien payé...*

ou 😟 *Je ne voudrais pas être surveillant(e) parce que je ne voudrais pas travailler dans une école...*

> Je suis surveillant parce que j'ai toujours aimé aller à l'école!! C'est vrai! Mais plus sérieusement, c'est assez bien payé et ça m'aide à financer mes études. Je suis aussi devenu surveillant parce que c'est une bonne expérience professionnelle pour plus tard. Je voudrais continuer à travailler dans une école et être prof.

Visit Clic! OxBox

cent sept 107

6.5 Labo-langue

Writing longer sentences – connectives

In unit 5, you made your sentences more impressive by adding details.
Now practise using connectives to link sentences together, avoid repetition, and add details and explanations, to make them longer and more sophisticated.

Je n'aime pas l'histoire.

L'histoire, c'est important.

Je n'aime pas l'histoire **mais** c'est important.

I don't like history but it's important.

J'ai un prof de français.

Il s'appelle M. Martin.

J'ai un prof de français **qui** s'appelle M. Martin.

I have a French teacher who is called M. Martin.

M. Julien, c'est un prof.

J'aime bien M. Julien.

M. Julien est sympa.

M. Julien, c'est un prof **que** j'aime bien **parce qu'** il est sympa.

M. Julien is a teacher whom I really like because he's nice.

1 Match these French connectives to their English equivalent.

and   when   but   because   whom/that
so   then   if   who/which   or

mais   ou   et   puis   parce que
alors   si   quand   qui   que

2 Choose the correct connective in each sentence.

a Aujourd'hui, j'ai maths **mais / alors** le prof n'est pas là.
b Je préfère d'abord finir mes devoirs **si / puis** me relaxer.
c On ira en France **quand / ou** on aura assez d'argent.
d Viens avec moi **si / parce que** tu veux.
e Il ne veut pas aller à l'université **parce qu' / quand** il n'aime pas les études.
f Je veux aller en Italie **si / alors** je vais apprendre l'italien.
g Il faut mettre la farine, ajouter le sucre et le beurre, **puis / ou** tout mélanger.
h Tu préfères garder des enfants **et / ou** travailler dans un magasin?
i L'informatique, c'est une matière **qui / que** m'intéresse beaucoup.
j Le chinois, c'est une langue **qui / que** je voudrais apprendre.

3 Fill in the blanks with a connective from activity 1.

Example *Je suis fort en maths **mais** je préfère les sciences.*

a Je suis français ✱✱ je n'habite pas en France.
b J'ai une copine ✱✱ s'appelle Élodie.
c Je vais avoir une voiture ✱✱ j'aurai 18 ans.
d Je ne veux plus faire techno ✱✱ je n'aime pas ça.
e Il n'a pas mangé ce matin ✱✱ il a très faim!
f Ce matin, on a eu sciences, maths ✱✱ français.

cent huit

Labo-langue 6.5

Using different tenses in longer sentences

A long sentence can have several verbs. If the verbs describe actions that all take place at the same time, they will be in the same tense. If the actions they describe happen at different times, the verbs will be in different tenses.

4 Read these sentences and translate them into English. Which tense (a–e) is used in each sentence?

1. Quand j'étais petit, je travaillais bien à l'école parce que j'aimais ça.

2. L'année dernière, j'ai bien travaillé alors j'ai eu de bonnes notes.

3. Cette année, je travaille bien et les matières sont intéressantes.

4. L'année prochaine, je vais bien travailler et je vais réussir mon examen.

5. Quand je serai prof, je ne travaillerai plus mais mes élèves travailleront!

a **present** = is happening or happens now
b **perfect** = has happened
c **imperfect** = used to happen
d **future with *aller* + infinitive** = will happen soon
e **real future** = will happen at some point

5 Choose the correct tense for each sentence.

a Hier, elle a acheté une valise parce que demain, **elle est partie / elle va partir** en vacances.

b Aujourd'hui, je ne fais pas de ski parce qu'hier, **je vais me casser / je me suis cassé** une jambe!

c J'ai bien aimé le concert parce qu'**il y aura / il y avait** de la musique super!

d Hier, quand il est arrivé, **je fais / je faisais** mes devoirs.

e Je ne peux pas aller à la piscine parce que **j'ai oublié / je vais oublier** mon maillot.

f Quand mon père **aura / avait** plus de temps, il jouait de la guitare dans un groupe.

g Quand je suis allé en vacances à Marseille, **il faisait / il fait** beau!

h Maman dit que **je n'irai pas / je n'allais pas** à l'école demain si **je suis / je serai** encore malade.

i Je n'ai pas fait mes devoirs parce que mon chien **a mangé / va manger** mon cahier, mais je les **fais / ferai** demain soir si mon chien **n'a pas / n'aura pas** faim!

Rappel
quand + *future*
Un jour, quand je serai riche…
si + *present*
Un jour, si je suis riche…

6 Copy the sentences, changing the infinitives in brackets to a verb in the correct tense.

a Tu [**passer**] le permis de conduire quand tu [**avoir**] 18 ans?

b Oui, et si je [**être**] assez riche, je [**acheter**] une voiture!
Je [**conduire**] ma Porsche quand tu [**venir**] me voir!

c Et si tu n'[**avoir**] pas de Porsche quand je [**venir**]?

d On [**faire**] des promenades en tandem!

cent neuf 109

6.6 clic-forum — Writing (2)

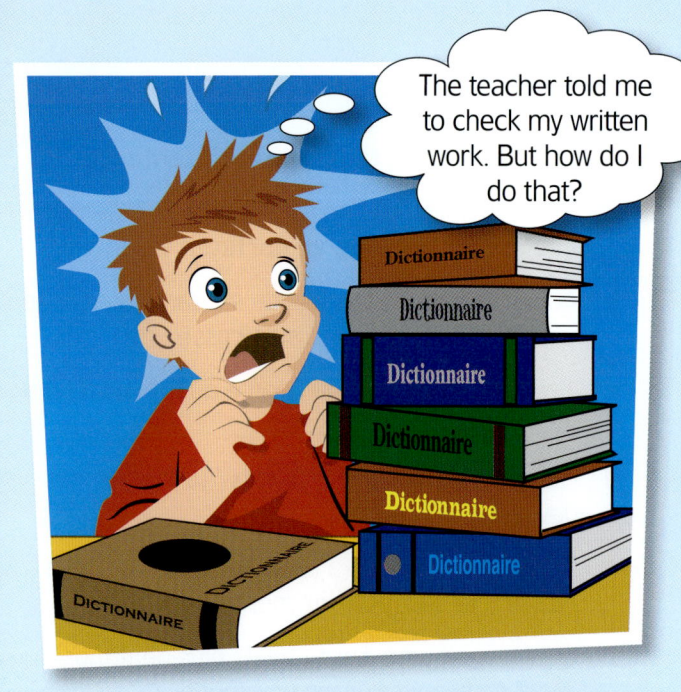

The teacher told me to check my written work. But how do I do that?

I'm supposed to improve my written work but I don't know how. It looks good as it is!

In Clic! 1, you learnt the SAGA strategy:

S (spelling) **A** (accents) **G** (gender) **A** (agreement)
When re-reading your French work, also remember:

Capitals: none for days, months, languages, nationality adjectives
lundi, février, français, allemand

Determiners: agree with nouns:
à la/au/aux, du/de la/des, mon/ma/mes, ce/cette/ces, etc.

Word order: French adjectives come after the nouns, except a few:
*un **petit** chien **noir***
direct and indirect object pronouns go before the verb:
*Tu **la** connais? je **lui** parle; tu **me** téléphones*

Negation: two parts on either side of the verb:
*je **ne** parle **pas**; elle **n'**écoute **plus***

Verbs: is it the right tense? the correct ending? if there are two verbs together in the sentence, is the second one an infinitive?
*j'aime **chanter**; tu vas **partir**; je voudrais **manger***
check the past participle in the perfect tense:
*j'ai **mangé** not j'ai manger*

Punctuation: remember commas, full stops, question marks, etc.

Once you've checked that there are no mistakes, read through again and think of what you can add. For instance:

J'ai un chat.

add one or two adjectives:
J'ai un petit chat roux.

add connectives:
J'ai un petit chat roux qui s'appelle Sylvestre.

add details with verbs in different tenses
J'ai un petit chat roux qui s'appelle Sylvestre parce qu'il est né à la Saint-Sylvestre.

1a Read Caroline's text. She has made 19 mistakes. Can you spot them all and explain them?

1b How could you improve her text? Rewrite it without the mistakes and try incorporating the ideas above.

Mon autobiographie

Je m'appele Caroline. Je suis né le 11 Décembre. J'habite dans une ville dans le nord du Ecosse. J'ai un frère, Luke. Il a 19 ans. Je ne vois pas le souvent parce qu'il fais des études à l'université de Glasgow mais il téléphone me souvent. Moi, je suis en Year 9 (quatrième) au college. L'année prochaine, je vais allée en Year 10. Moi, je vais continue le Francais et l'Allemand mais pas mon copine Lucie, elle aime pas ça. Je voudrais etre journalist et travaillé pour des magazines de mode. Mon animal préféré, c'est le cheval. Je fais de l'equitation tous les week-ends.

you could say: *dans une petite ville agréable*

spelling should be *m'appelle*

agreement: *né* should be *née* as Caroline is a girl

you could say: *J'ai un grand frère qui s'appelle Luke.*

110 cent dix

Tu sais tout?

Écoute!

1a Listen and select a symbol for each speaker.

Example 1 = a

1 a [3ème door] / b [5ème door]
2 a [globe 20/20] / b [castle 20/20]
3 a [German flag] / b [UK flag]
4 a [computer ✓] / b [computer ✗]
5 a / b
6 a / b

1b Listen again and note one more thing each speaker says.

Example 1 = brevet des collèges this year

Lis!

2 Read the article. Answer the questions.

Example 1 = 15

1 How old was Lucie when she first started boxing?
2 What did she want to do when she was little. Why?
3 Did she join the sports academy before or after she finished her normal schooling?
4 What does Lucie know about the future of her boxing career?
5 In which way is she being sensible?
6 What career is she planning for herself after her boxing?

Lucie Bertaud, championne de France de boxe anglaise

À 12 ans, Lucie était une petite fille qui rêvait d'être hôtesse de l'air parce qu'elle aimait prendre l'avion et voyager mais trois ans plus tard, elle a découvert la boxe. Après ça, son rêve, c'était d'être championne de boxe!

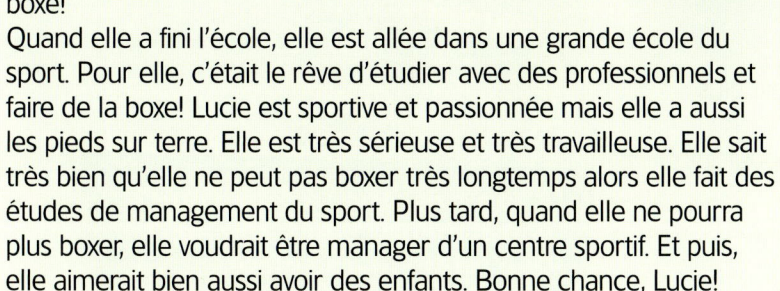

Quand elle a fini l'école, elle est allée dans une grande école du sport. Pour elle, c'était le rêve d'étudier avec des professionnels et faire de la boxe! Lucie est sportive et passionnée mais elle a aussi les pieds sur terre. Elle est très sérieuse et très travailleuse. Elle sait très bien qu'elle ne peut pas boxer très longtemps alors elle fait des études de management du sport. Plus tard, quand elle ne pourra plus boxer, elle voudrait être manager d'un centre sportif. Et puis, elle aimerait bien aussi avoir des enfants. Bonne chance, Lucie!

Écris!

3 Write about yourself, giving the following information.

Example 1 Je suis en quatrième, au collège d'Ashton-on-Sea.

1 name of school and the year you're in
2 the subjects you're best at
3 the options you've chosen for next year and why
4 the job you've always dreamt of doing and why
5 a part-time job you have done or would like to do and why

Parle!

4 You are being interviewed by the careers officer. Read the questions and give your answers.

Example Mes matières préférées sont les sciences et l'anglais.

- Qu'est-ce que tu aimes comme matières?
- Quelles sont tes qualités?
- Tu as déjà fait un petit boulot?
- Pour toi, le métier de rêve, c'est quoi?
- Qu'est-ce que tu voudrais faire plus tard?
- Quels sont tes projets pour après le lycée?

Visit Clic! OxBox

cent onze

6.7 Quel dilemme!

Théo, le copain de Louis, n'est pas au collège ce matin. C'est sa troisième absence cette semaine. Hier soir, Louis lui a téléphoné: sa mère a répondu que Théo était malade.

Cet après-midi, Louis doit aller chez le dentiste alors sa mère vient le chercher en voiture après la récréation. Il y a beaucoup de monde en ville. Mais... là, au coin de la rue, c'est Théo!?! Il distribue des prospectus. Mais alors, il n'est pas malade? Qu'est-ce qui se passe? Louis décide de ne rien dire à sa mère. Il parlera à Théo ce soir.

Le soir, Louis appelle Théo sur son portable.
«Je t'ai vu en ville cet après-midi quand j'allais chez le dentiste. Tu n'es pas malade?»
«Euh... non, enfin... tu ne dis rien à personne, d'accord? Louis, tu es mon meilleur copain. Tu peux garder un secret?»
«Oui, bien sûr!»
«Je vais faire un petit boulot en ville demain, pour gagner de l'argent. Tu comprends? Tu dois m'aider.

*the opening

Quand les profs feront l'appel*, réponds 'présent' pour moi, ok?» *call the register
«Non, Théo! Tu ne peux pas encore sécher les cours! On a deux heures de maths demain et il y aura un contrôle de maths la semaine prochaine. Si tu ne viens pas en cours, tu auras une mauvaise note!»

«Pfff... J'ai toujours de mauvaises notes! J'ai besoin d'argent, Louis. J'en ai assez* que les autres se moquent de moi, de mes parents, parce qu'on n'a pas d'argent.» *I've had enough
Louis continue:
«Mais j'aurai des problèmes, moi, si les profs voient que tu n'es pas là.»
«Quoi? Tu ne veux pas m'aider? Tu n'es pas un vrai ami. Tu es égoïste.»
Théo raccroche*. Louis le rappelle mais pas de réponse. *hangs up

Le lendemain matin, Théo n'est pas à l'école. Le prof de maths fait l'appel. «Étienne?» «Présent.» «Amina?» «Présente.» «Louis?» «Présent.» «Théo? Théo...?»

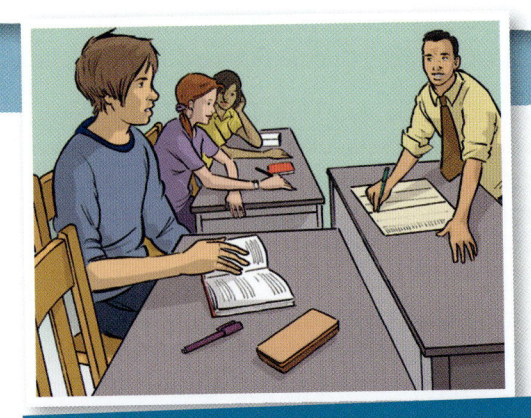

1 Lis. Trouve le français:
a she responded that Théo was ill
b his mum came to pick him up
c what's going on?
d to earn some money
e answer 'present' for me
f to bunk off lessons
g a maths test
h a poor mark
i I need money
j to make fun of
k calls him back but no answer

2 Réponds en anglais.
a Why is Louis surprised to see Théo in town?
b What are Théo's reasons for bunking off?
c What is Théo asking Louis to do?

3 Quel conseil pour Louis?
a Fais comme Théo te demande. Un copain, c'est plus important que l'école!
b N'écoute pas Théo. C'est mauvais pour toi et pour lui. Il doit aller en cours.
c Parle discrètement au prof et explique la situation.

4 Écris une fin à l'histoire.

À ton avis, que va faire Louis?
Va-t-il mentir* pour son ami?
Que ferais-tu à sa place? *to lie

cent douze

clic-mag

Cinq ~~raisons~~ mauvaises raisons pour ne pas apprendre le français!

Ici, on parle français!

1. C'est trop dur et ça prend trop de temps.
2. Tout le monde parle anglais.
3. Ce n'est pas intéressant.
4. Je n'habiterai jamais en France.
5. Je n'aurai sans doute pas besoin de parler français dans mon travail.

a Regarder des films, écouter des chansons, jouer à des jeux, surfer sur Internet, faire des vidéo-conférences, voyager, se faire de nouveaux amis, c'est intéressant, non? En français, c'est super parce que tu découvres une culture nouvelle. Et apprendre une langue est un bon exercice pour le cerveau* et te permet* d'améliorer ton anglais!

*brain
allows you

b Les top footballeurs ont travaillé longtemps sur un terrain de foot avant de devenir des champions! Les langues, c'est comme le foot, il faut du temps! Et puis, tu peux faire quelques erreurs – ce n'est pas grave!

d Plus de 128 millions de personnes parlent français dans 40 pays sur les cinq continents! Si un jour, tu rêves d'habiter sur une île des Caraïbes, apprends le français! Le français, c'est aussi la langue officielle de beaucoup d'organisations mondiales: Les Jeux Olympiques, Interpol, la Croix-Rouge, les Nations Unies...

c Il y a besoin de linguistes dans tous les domaines: le tourisme, les loisirs, les affaires*, le marketing, les médias, le commerce, etc. Il y a plus de travail pour un diplômé en langues qu'un diplômé en psychologie, sociologie ou médias, et on gagne plus d'argent (de 8 à 20%) quand on parle une langue étrangère.

e L'anglais, c'est la langue maternelle de seulement 6.5% de la population mondiale. 75% des gens dans le monde ne parlent pas un mot d'anglais!

*business

1 Lis et relie les mauvaises raisons (1-5) aux bonnes raisons (a-e).

2 Explique chaque raison en anglais.

3 Ton / Ta partenaire ne veut pas continuer le français. Essaie de le / la convaincre.

Exemple *Tu trouveras un travail, tu auras plus d'argent, etc...*

cent treize

Vocabulaire

6.8

Le collège et le lycée	Secondary school
Je suis en...	I'm in...
sixième	Year 7
cinquième	Year 8
quatrième	Year 9
troisième	Year 10
seconde	Year 11
première	Year 12
terminale	Year 13
le brevet des collèges	exam similar to GCSEs
le baccalauréat	exam similar to A levels

Les matières	School subjects
Qu'est-ce que tu fais / as comme matières?	What subjects do you do?
Je fais... / J'ai...	I do... / I have
français	French
maths	maths
histoire	history
géographie	geograhy
anglais	English
espagnol	Spanish
allemand	German
SVT (sciences et vie de la terre)	biology
sciences physiques	physics
EPS (sport)	PE
technologie	design and technology
arts plastiques	art
musique	music
éducation religieuse	RE
informatique	ICT
obligatoire	compulsory
facultatif / ive	optional
Je ferai / J'aurai + matière parce que...	I'll take / I'll have + subject because...
Je ne ferai plus + matière parce que...	I won't take + subject because...
...je trouve ça facile / difficile	I find it easy / hard
...c'est ma matière préférée	it's my favourite subject
...j'aime ça	I love it
...je déteste ça	I hate it
...je suis fort(e)	I'm good at it
...je suis nul(le)	I'm useless at it
...ça m'intéresse	I'm interested
...ça ne m'intéresse pas	I'm not interested

Mes projets	My plans
Qu'est-ce que tu voudrais faire plus tard?	What would you like to do later?
Quels sont tes projets?	What are your plans?
Plus tard, je voudrais...	Later, I'd like...
J'aimerais bien...	I'd like...
partir à l'étranger	to go abroad
arrêter les études	to leave school
étudier à l'université	to go to university

Un métier de rêve	A dream job
Tu voudrais faire quel métier plus tard?	What job would you like to do later?
Quand tu étais petit(e), ton métier de rêve, c'était quoi?	What was your dream job when you were little?
Quand j'étais petit(e), mon rêve, c'était d'être...	When I was little, I dreamed of becoming a...
Je suis / Il/Elle est + métier	I am / He/She is a / an + job
acteur / actrice	actor / actress
traducteur / traductrice	translator
moniteur / monitrice d'équitation	horse-riding instructor
footballeur / footballeuse	footballer
chanteur / chanteuse	singer
développeur / développeuse multimédia	video game designer
infirmier / infirmière aux urgences	A & E nurse
informaticien / informaticienne	computer programmer
musicien / musicienne	musician
avocat / avocate	lawyer
styliste	fashion designer
océanologue	marine biologist
vétérinaire	vet
professeur	teacher
sportif / sportive	sportsman / woman
vedette de cinéma	movie star
reporter	reporter
guide	guide

cent quatorze

Vocabulaire

explorateur	explorer
médecin	doctor
mannequin	model

Les qualités — *Qualities*

dynamique	energetic
passionné(e)	passionate
extraverti(e)	extrovert
organisé(e)	organised
travailleur / euse	hard-working
généreux / euse	generous
aventureux / euse	adventurous
curieux / curieuse	inquisitive
actif / ive	active

Les petits boulots — *Part-time jobs*

travailler dans un magasin	to work in a shop
travailler dans un restaurant	to work in a restaurant
vendre des glaces	to sell ice cream
distribuer des prospectus	to hand out leaflets
aider à la maison	to help with housework
faire des courses	to go shopping
faire du soutien scolaire	to help children with homework
garder des enfants	to look after children
promener des chiens	to walk dogs

Tu as déjà fait des petits boulots?	Have you already had a part-time job?
Oui, j'ai travaillé / fait...	Yes, I have worked / done...

Les conjonctions — *Conjunctions*

mais	but
ou	or
et	and
alors	so
parce que	because
puis	then
quand	when
qui	who / which
que	whom / that

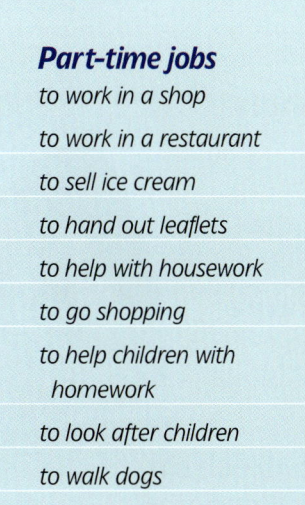

> **1** Make up as many sentences as you can about the pictures using the words / phrases on this page.

cent quinze 115

1.9 Encore

1a Lis le quiz. Complète avec des pronoms.

Exemple 1 *a lui*

1b Écoute pour vérifier.

2 À toi de répondre. Lis les commentaires.

Grammaire

Object pronouns
These replace nouns you don't want to repeat.
There are two types: direct and indirect.
Direct: verb + direct object
Je vois **le garçon**. = Je **le** vois.
Je vois **la fille**. = Je **la** vois.
Je vois **les copains**. = Je **les** vois.

Indirect: verb + **à** + indirect object.
Je parle **au garçon**. = Je **lui** parle.
Je parle à **la fille**. = Je **lui** parle.
Je parle **aux copains**. = Je **leur** parle.

Qui es-tu? Speed-flirt ou romantique timide?

1 À une fête, tu vois un garçon/une fille sympa.
 a Tu ★ parles tout de suite.
 b Tu ★ / ★ regardes toute la soirée.
 c Tu attends qu'il/elle ★ parle pour répondre.

2 Pendant la fête,
 a tu ★ poses plein de questions personnelles.
 b tu ★ donnes ton adresse email.
 c tu ★/★ prends discrètement en photo avec ton portable.

3 À la fin de la fête,
 a tu ★ invites à aller au ciné le week-end prochain.
 b tu ★ embrasses et tu ★ dis: «À bientôt, j'espère!»
 c tu ★/★ regardes partir avec regret.

4 Le lendemain, tes copains viennent chez toi.
 a Tu ne veux pas ★ voir: tu es avec le garçon/la fille de la fête!
 b Tu ★ présentes ton nouvel ami/ta nouvelle amie.
 c Tu ne ★ dis rien sur la soirée.

5 Le garçon/La fille de la fête t'invite chez lui/elle. Qu'est-ce que tu dis à tes copains?
 a «Je vais tout ★ raconter demain!»
 b «Il/Elle ★ a invité(e) ce soir. J'ai trop hâte!»
 c «Ne ★ contactez pas ce soir, je ne suis pas là.»

Commentaires

Une majorité de a:
Pour toi, c'est le speed-flirt! Mais attention, tu risques d'aller trop vite!

Une majorité de b:
C'est bien, tu prends ton temps. Lentement mais sûrement!

Une majorité de c:
Romantique peut-être, mais trop timide! Force-toi un peu!

En plus — Qui sort avec qui?

A Pénélope
B Aurore
C Marina
D Cyril
E Lucien
F Bruno

1 Écoute. Qui est qui? Relie.

Exemple 1 = Lucien

2 Décris une personne avec les expressions de la boîte. Ton/Ta partenaire devine qui c'est.

Exemple A = Il est grand et très mince. Il a des cheveux bruns et courts.

3 Devine qui sort avec qui! Écoute et vérifie.

4 Avec qui aimerais-tu sortir? Explique pourquoi.

Exemple *Moi, je voudrais sortir avec Marina parce que je la trouve mignonne. J'aime son style et elle est brune et mince. Elle a l'air un peu timide mais aussi très sympa.*

Il/Elle est...
grand / grande, petit / petite, gros / grosse, mince,
mignon / mignonne[1]   [1] cute

Il/Elle a...
les cheveux blonds / bruns / roux
les cheveux longs / courts / raides / frisés
les yeux marron / bleus / verts / gris
des boutons[2]   [2] spots

Il/Elle a l'air[3]...   [3] he/she looks
sympa / timide

Il/Elle porte...
des lunettes / un appareil[4]   [4] braces
un T-shirt vert / un pull bleu...

Il/Elle ressemble à[5]...   [5] he/she looks like
Brad Pitt / Angelina Jolie

cent dix-sept 117

2.9 Encore

Mathieu, Nantes

Salut!
Pour moi, la télé c'est vraiment nul. Je déteste la télé-réalité et j'ai horreur des jeux télévisés. En plus, les infos sont ennuyeuses et les documentaires sont nuls. À mon avis, les séries et les feuilletons sont affreux et je trouve qu'il y a trop de publicités à la télé, surtout pendant un bon film. Je préfère faire du sport ou regarder un bon match de foot au stade avec mes copains.

Alexandra, Marseille

Salut, Mathieu!
Je ne suis pas d'accord avec toi. La télé est super! Tu n'aimes pas les émissions musicales et les concerts en direct? Et le sport? Grâce à la technologie tu peux regarder la télé où et quand tu veux. Il y a la télé sur Internet et sur portable. Tu as les résultats de matchs de foot et de rugby à la maison, en ville, même au stade, sur un portable. Moi, je télécharge* ou j'enregistre mes émissions de télé préférées et je les regarde quand je veux. Et n'oublie pas la télé satellite. C'est fantastique!

*I download

1 Lis les blogs de Mathieu et Alexandra et corrige les erreurs. Écris vrai (V) ou faux (F) ou pas mentionné (PM).

a Mathieu n'est pas un fan de télé.
b Il s'intéresse aux informations à la télé.
c Il trouve les documentaires peu intéressants.
d Il préfère regarder les émissions sportives.
e Alexandra n'a pas les mêmes opinions sur la télé que Mathieu.
f Elle trouve que la technologie est très utile aux téléspectateurs.
g Elle ne regarde pas toujours ses émissions de télé préférées en direct.
h Elle n'aime pas l'offre-télé par satellite.

2a Copie la grille et note les opinions positives et négatives sur la télé.

Positif	Négatif
super	nul

2b Fais des phrases. Ajoute les expressions d'opinion de Mathieu et Alexandra.

Exemple *Pour moi / À mon avis, la télé, c'est super / nul.
J'adore les… / J'ai horreur des jeux télévisés.
Je trouve qu'il y a trop de…*

3 Quelle est ton opinion? Utilise tes notes (activité 2).

Exemple *Moi aussi, je trouve que la télé-réalité, c'est nul et que… mais j'aime bien… et… À mon avis, il y a trop de feuilletons, mais j'adore…*

118 cent dix-huit

En plus

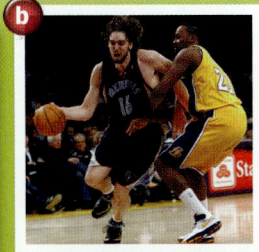

2.9

a **b** **c** **d**

1 Franchement, c'était nul comme match. J'ai trouvé que les deux équipes ont mal joué. Il y a eu beaucoup de fautes et donc beaucoup de pénalités mais les équipes n'ont pas marqué beaucoup de points, parce qu'il n'y a pas eu d'essais. À mon avis, il y a eu trop de mêlées aussi.

2 Quel beau match! J'ai trouvé que les deux joueuses étaient très fortes et elles ont très bien joué pendant deux heures. En plus, c'était vraiment passionnant au troisième set: 5 jeux partout et 30 À, puis 40 À, puis avantage à la Française, puis 40 À encore, puis avantage à la Belge. Dommage pour la Belge qui a perdu le match, mais félicitations à la Française!

3 C'était un match à ne pas manquer. Il y a eu très peu de fautes et beaucoup de buts. Les deux équipes ont fait un jeu technique de très haute qualité. Quel match extraordinaire!

4 Pour moi, le niveau technique du jeu était fantastique. Chaque équipe a marqué plus de 100 points et l'ambiance au centre sportif était vraiment bien. J'ai adoré ça. En plus, mon joueur préféré a marqué le dernier panier et mon équipe préférée a gagné. Super!

1 Relie les photos et les textes.

2 Note les termes techniques pour chaque sport et traduis en anglais.

le rugby	le football	le tennis	le basket-ball
essai = try	faute = foul	set = set	points = points

3 Maintenant note au moins 10 expressions d'opinion dans les textes.

J'ai trouvé que…

À mon avis…

Pour moi…

cent dix-neuf 119

3.9 Encore

Une visite, ça s'organise

A group of French teenagers is coming to spend a week in your area. Your task is to prepare a programme of visits for them. Work in pairs or small groups.

1 Proposez des idées d'activités.

Exemple **A** *Je propose une visite au musée des transports.*
B *Le château est plus intéressant que le musée. C'est l'attraction la plus importante de la ville.*

2 Écrivez une liste des suggestions les plus intéressantes.

3 Individuellement, chacun écrit un programme détaillé pour le samedi et le dimanche. Ajoute:

a les horaires
b les transports

> SAMEDI
> De 8 h à 9 h: petit déjeuner
> De 9 h à 11 h 30: voyage à Édimbourg (en car) et visite du château
> De 11 h 30 à 12 h 30: promenade dans le Royal Mile (à pied)
> De 12 h 30 à 13 h: déjeuner
> De 13 h à 15 h: visite du parlement écossais, etc.

4 Chacun lit ses suggestions. Les autres font des commentaires/critiques.

Exemple *Pourquoi en car? Le train est beaucoup plus rapide.*
Le déjeuner n'est pas assez long.
La visite du parlement est trop longue.
Ils n'ont pas assez de temps pour voir les magasins, etc.

5 Comparez vos programmes. Mettez-vous d'accord et écrivez un programme final.

6 Écrivez un email pour expliquer le programme aux jeunes Français. Ajoutez le plus possible de détails.

Exemple *Après le déjeuner, vers 13 heures, on va visiter le parlement écossais. C'est un bâtiment moderne...*

7 Échangez votre email avec un autre groupe. Étudiez leur programme et donnez votre opinion.

Exemple *Est-ce que le programme est varié/intéressant/pratique? Les horaires sont raisonnables? Il y a assez de détails? Etc.*

Je propose une visite à...
I suggest visiting...

On pourrait (aller au bowling).
We could (go bowling).

On va (au château)?
Shall we go (to the castle)?

Assez and **trop**

with adjectives
assez long = long enough
trop long = too long

with nouns
assez de temps = enough time
trop de temps = too much time

En plus
Le tunnel sous la Manche

1. Un tunnel sous la mer entre la France et l'Angleterre? Qui a eu cette idée? Il y a plus de deux cents ans, en 1802, un ingénieur français, Albert Mathieu a proposé de construire un tunnel pour les voitures à chevaux.

2. Finalement, en 1986, François Mitterrand, le Président français, et Margaret Thatcher, le Premier ministre britannique, ont signé un traité. La compagnie Eurotunnel a commencé la construction d'un tunnel sous la Manche. En mai 1994, le travail est fini. Le tunnel est officiellement inauguré par le Président Mitterrand et la reine Elizabeth II.

3. Dans le tunnel, il y a trois galeries: deux pour les trains et une pour les équipes de sécurité. Il y a des trains pour les passagers sans véhicules et des navettes (shuttles) pour les voitures, les cars et les camions. Les tunnels sont ouverts 24 heures sur 24. Aux heures de pointe, un train traverse les tunnels toutes les trois minutes et il y a jusqu'à 20 000 personnes sous la mer.

4. Le train pour les voyageurs s'appelle l'Eurostar. Plus de 7 millions de passagers prennent l'Eurostar chaque année. Selon la publicité en France: «Eurostar est le moyen le plus efficace, le plus simple et le plus palpitant de se rendre à Londres.» Le voyage entre la capitale française et la capitale anglaise n'est que de deux heures et quinze minutes.

5. Un voyage en Eurostar pollue environ dix fois moins qu'un voyage en avion. Et, le 14 novembre 2007 – date où les services Eurostar ont déménagé en gare de Saint Pancras International à Londres – la compagnie a aussi lancé le programme 'Voyage Vert'. L'intention est de réduire leurs émissions de CO_2 de 25% supplémentaires, par passager et par voyage, avant 2012.

---

1 Avant de lire l'article, relis clic-forum, page 56. Quelles stratégies vas-tu utiliser ici?

2 Lis rapidement l'article. Relie un titre à chaque paragraphe.
   a A green mode of transport
   b The opening of the tunnel
   c The train's characteristics
   d The first steps
   e The tunnel's characteristics

3 Les mots en vert ressemblent à des mots anglais. Lesquels?

Exemple *idée = idea*

4 Les mots avant et après les mots en orange t'aident à les comprendre? Discute avec un(e) partenaire.

Exemple *les généraux:* something to do with the British army, they are probably people, the word looks a bit like the English word 'general', etc.

5 Résume les points importants de l'article en anglais (**150 mots max.**). Ensuite, compare avec un(e) partenaire.

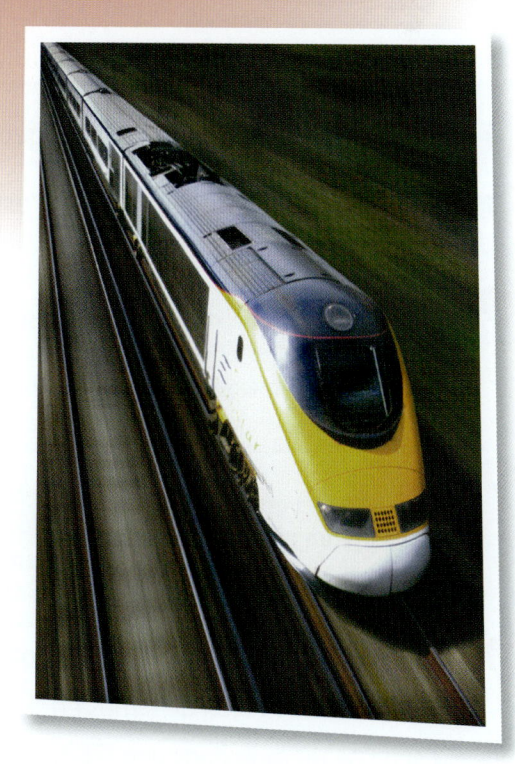

cent vingt-et-un 121

4.9 Encore

6 raisons pour faire un séjour linguistique en France:

a. connaître la vie de famille française
b. voyager
c. rencontrer des jeunes Français
d. goûter la bonne cuisine française
e. perfectionner son français
f. assister à des fêtes traditionnelles

1a Regarde la page web. On parle de quoi?

1b Des jeunes parlent de leur séjour. C'est quelle image?

Exemple   1 c

1. Ce qui m'a étonné, c'est que les jeunes étaient si sympa! Je me suis fait beaucoup de copains français.

2. Je suis allé souvent en France comme touriste, mais cette fois j'ai pu vivre dans une famille française et c'était beaucoup mieux.

3. J'ai fait des progrès énormes en français, bien sûr, parce que j'ai passé six semaines à parler français toute la journée.

4. Que j'ai bien mangé! On m'a présenté un plat différent à chaque repas!

5. Le voyage m'a beaucoup plu – on a pu découvrir une nouvelle culture, des traditions très intéressantes et différentes de chez nous.

6. C'était ma première visite en France et j'ai découvert beaucoup de choses sur le pays. Maintenant, je veux visiter d'autres pays parce que je trouve ça très intéressant.

2a Complète le dialogue. Utilise des mots de l'activité 1.

– Tu as passé combien de temps en ① ?
– J'ai passé un mois dans une ② française.
– La famille était gentille?
– Oh, oui, elle était super! Et j'ai très bien mangé!
– Tu aimes la ③ française?
– Oui, elle est très ④. Mon plat préféré, c'est les moules marinière.
– Qu'est-ce que tu as fait, par exemple?
– On m'a invité à des fêtes ⑤. Je n'avais jamais fait ça avant.
– Quels sont les avantages d'un ⑥ linguistique?
– On peut ⑦ un peu plus et, bien sûr, on peut ⑧ son français!

2b Écoute et vérifie.

cent vingt-deux

En plus

4.9

Qu'est-ce que c'est le Brevet de Sécurité Routière?

◆ Le BSR est une formation obligatoire pour pouvoir conduire un cyclomoteur à partir de 14 ans.

Le BSR: vos droits, vos obligations

Vous pouvez:
◆ conduire un cyclomoteur à deux ou trois roues à moteur dont la cylindrée est limitée à 50 cm³ et la vitesse à 45 km/h;
◆ transporter un passager de plus de 14 ans, si votre cyclomoteur est équipé d'un siège pour le passager avec poignée et repose-pied.

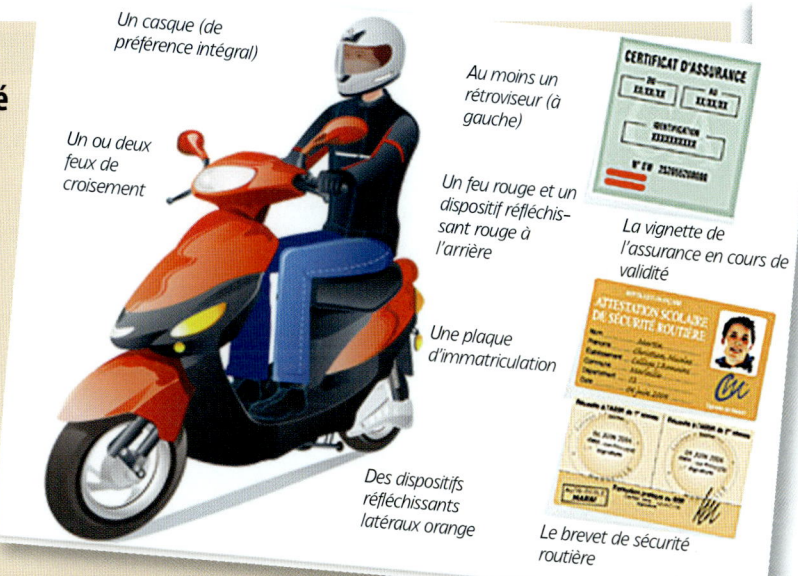

Vous devez:
◆ porter un casque;
◆ avoir sur vous votre assurance et votre carte du BSR;
◆ respecter les règles de circulation (vitesse, voies interdites ou obligatoires, éclairage…).

Un casque (de préférence intégral)
Un ou deux feux de croisement
Au moins un rétroviseur (à gauche)
Un feu rouge et un dispositif réfléchissant rouge à l'arrière
La vignette de l'assurance en cours de validité
Une plaque d'immatriculation
Des dispositifs réfléchissants latéraux orange
Le brevet de sécurité routière

1a Lis le texte. Cherche un maximum de quatre mots inconnus dans un dictionnaire.

1b Écris un résumé en anglais.

2a À deux: discutez des avantages et inconvénients de conduire une mobylette à l'âge de **14 ans**. Utilisez les mots de la boîte pour vous donner des idées.

prix essence   casque
dangereux   assurance
parents   pluie
vent   environnement
sociable   pratique confortable

2b Écris deux listes.

Exemple

Avantages	Inconvénients
On peut arriver plus vite au collège ou en ville.	Ce n'est pas confortable quand il pleut.

cent vingt-trois 123

5.9 Encore

À quel âge a-t-on le droit de boire de l'alcool?

pays	âge
la Chine	?
la France	?
le Japon	?
le Portugal	?
les États-Unis	?
la Grande-Bretagne	?

1a À deux: discutez et attribuez les âges de la boîte aux pays.

Exemple *Je pense qu'en Chine on a le droit de boire de l'alcool à 21 ans.*

pas de limite (2 pays) / 16 / 18 / 20 / 21

1b Écoute et vérifie.

2 Avant quel âge ne doit-on pas boire d'alcool du tout? Donne ton opinion.

Exemple *Moi, je pense que 21 ans, c'est un peu vieux. Et toi?*

3 Regarde bien l'image. C'était vraiment comme ça pendant la préhistoire? Non! Trouve les 10 anomalies.

Exemple *1 On ne lisait pas le journal.*

Il/Elle...
porte des lunettes
jouer du piano
écoute de la musique
surfe sur Internet
téléphone avec un portable
regarde la télévision
part en avion
utilise un aérosol
écrit une lettre
joue à des jeux de société
joue avec un chien
fait du vélo
lit le journal

Dans la préhistoire

124 cent vingt-quatre

En plus

Vrai ou faux?

5.9

1. Pour économiser l'eau, prenez un bain, pas une douche.
2. Il ne faut pas laisser les lumières allumées quand vous quittez une pièce.
3. Les produits industriels (sacs en plastique, bouteilles, canettes, etc) ne se décomposent pas naturellement.
4. Dans les pays développés, un individu produit plus de 600 tonnes d'ordures dans sa vie.
5. Chaque personne jette* seulement 25 kilos de plastique par an.
   *throws away
6. Une chasse d'eau consomme 5 litres d'eau.
7. Les papiers ne peuvent pas être recyclés.
8. En Grande-Bretagne, la pluie acide affecte 450 millions d'arbres.
9. Pour faire le papier utilisé par un Européen en un an, il faut deux arbres.
10. Le trou dans la couche d'ozone date de 1885.

1b Lis et trouve comment dire:

a to save water
b to leave lights on
c 600 tonnes of waste
d flushing the toilet
e acid rain
f the hole in the ozone layer
g plastic bags
h to make paper used by one European
i consumes 5l of water
j industrial products
h decompose
l each person throws away
m 450 million trees

2a Vrai ou faux? À deux: discutez.

Exemple   1 *Je pense que c'est faux, parce qu'un bain consomme plus d'eau qu'une douche.*

2b Écoute et vérifie.

cent vingt-cinq

6.9 Encore

Le curriculum vitae (CV)

Le CV est un document important: il sert à se présenter à un employeur potentiel. Clément prépare son CV.

1 Lis et complète le CV de Clément avec les informations sur la feuille.

Curriculum Vitae

1 Nom et prénom
   ****

2 Adresse, téléphone, email
   ****

3 Date de naissance, âge
   ****

4 Nationalité
   ****

5 Éducation
   ****

6 Langues étrangères
   ****

7 Expérience professionnelle
   ****

8 Qualités personnelles
   ****

9 Centres d'intérêt
   ****

10 Projets
   ****

Clément FOURNIER * 14 ans – né le 28 mai 199X

* 33, rue de Malte, 75011 Paris; tél: 01 45 33 24 87; clementfournier@hotmail.com

* Français
* élève de quatrième; prépare le brevet des collèges pour l'année prochaine

* anglais, espagnol

* dynamique, travailleur, organisé

* étudier les langues à l'université pour être traducteur-interprète

* distribue des prospectus et des journaux

* sport, cinéma, voyages

---

2 Lis les infos sur Fleur et complète un CV pour elle.

Fleur Destienne
* 14 ans; 11 juin 199X * Française * 27, Gray's Inn Road, Londres - 0207 444 35 67 - fleurdestienne@hotmail.com
* sociable, travailleuse, dynamique
* anglais, français, espagnol * en Year 9 *(quatrième)*; prépare les GCSE *(brevet des collèges)* pour l'année prochaine * baby-sitting, aide à la maison * étudier les sciences à l'université pour être médecin sportif

3 Écris ton CV sur le modèle du CV de Clément.

> En France, sur les documents officiels, on met le nom de famille avant le prénom.

cent vingt-six

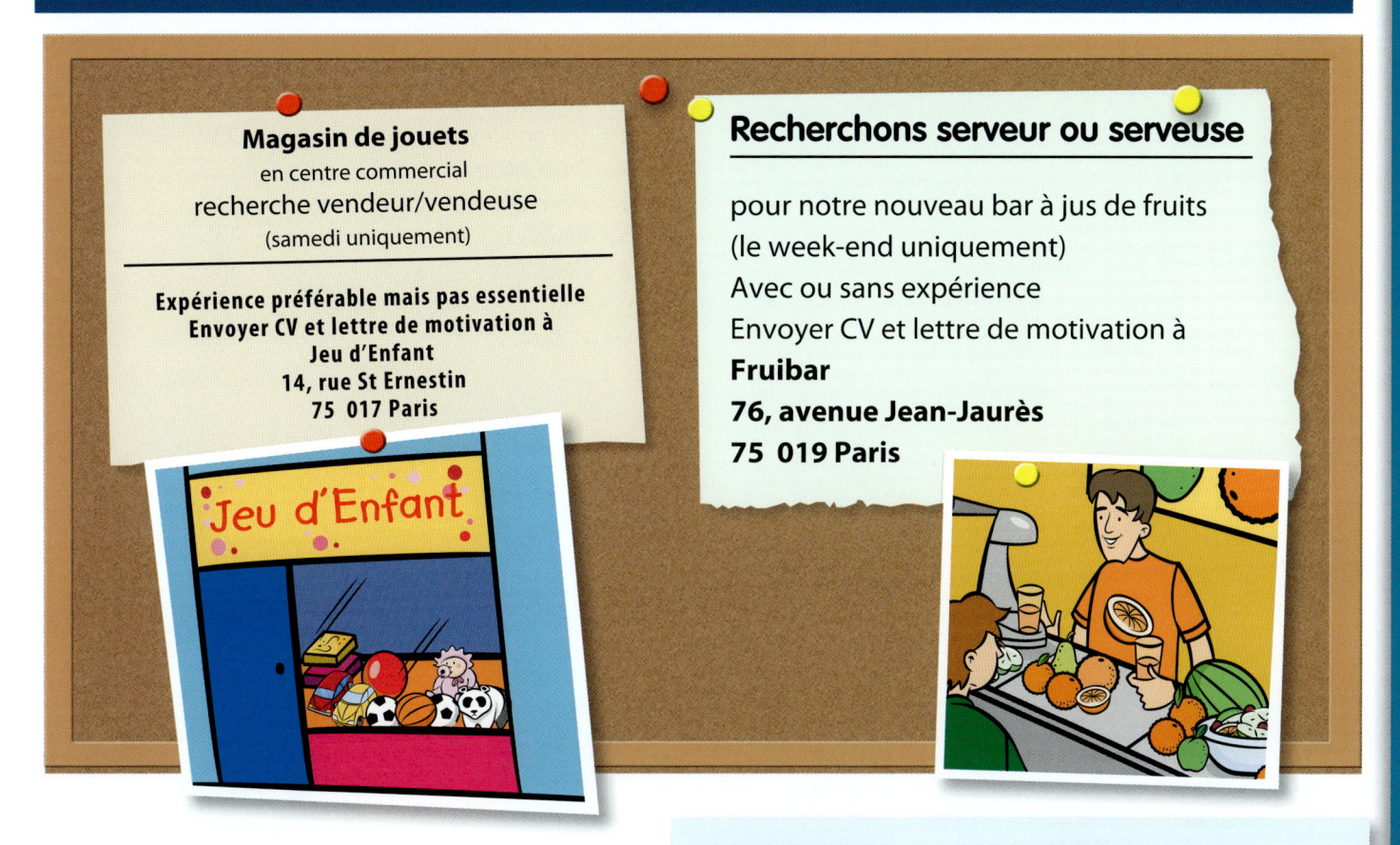

En plus
La lettre de motivation

6.9

Magasin de jouets
en centre commercial
recherche vendeur/vendeuse
(samedi uniquement)

Expérience préférable mais pas essentielle
Envoyer CV et lettre de motivation à
Jeu d'Enfant
14, rue St Ernestin
75 017 Paris

Recherchons serveur ou serveuse

pour notre nouveau bar à jus de fruits
(le week-end uniquement)
Avec ou sans expérience
Envoyer CV et lettre de motivation à
Fruibar
76, avenue Jean-Jaurès
75 019 Paris

---

1 Lis les annonces. Trouve:
a waiter / waitress; salesman / saleswoman
b to look for
c letter of application
d experience desirable
e with or without experience

2 Lis la lettre de Clément. Complète [1]–[7] avec les informations sur son CV (Encore, page 126).

3 Adapte la lettre de motivation pour Fleur qui contacte *Jeu d'Enfant*.

4 Choisis une annonce. Écris ta lettre de motivation.

> En France, dans les lettres officielles, on écrit une formule de politesse.

Clément FOURNIER
33, rue de Malte
75011 Paris
tél: 01 45 33 24 87
clementfournier@hotmail.com

Fruibar
76, avenue Jean-Jaurès
75019 Paris

Paris, le 17 juin

Monsieur, Madame,

J'ai vu votre annonce et je suis intéressé par l'emploi de [1].
Je joins mon CV. Je pense avoir les qualités nécessaires pour le poste.
Je suis [2], [3] et [4]. Je parle [5] et [6]. C'est utile avec les clients étrangers.
Je n'ai pas d'expérience de serveur, mais j'ai une expérience professionnelle: j'ai [7].
Je suis disponible le week-end.
J'espère que vous considérerez ma candidature favourablement.

Veuillez agréer, Madame, Monsieur, l'expression de mes meilleurs sentiments.

C. Fournier

cent vingt-sept 127

Grammaire

Introduction

Here is a summary of the main points of grammar covered in *Clic! 1, 2* and *3* with some activities to check that you have understood and can use the language accurately.

> Where to find information on the rules of grammar:
>
> | | | |
> |---|---|---|
> | 1 | Nouns and determiners | 129 |
> | 2 | Adjectives | 130 |
> | 3 | The possessive | 131 |
> | 4 | Prepositions | 132 |
> | 5 | Pronouns | 133 |
> | 6 | Verbs | 135 |
> | 7 | Negatives | 142 |
> | | Answers to grammar activities | 143 |
> | | Verb tables | 144 |

Glossary of terms

noun *un nom* = a person, animal, place or thing
Mon **copain** prend le train à la **gare**.

determiner *un déterminant* = a little word before a noun to introduce it
le chien, **un** chat, **du** jambon, **mon** frère

singular *le singulier* = one of something
Le chien mange **un biscuit**.

plural *le pluriel* = more than one of something
Je recycle **les papiers**.

pronoun *un pronom* = a little word used instead of a noun or name
Il mange un biscuit. **Elles** jouent au football.

verb *un verbe* = a "doing" or "being" word
Je **parle** anglais. Il **est** blond. On **va** en ville. Nous **faisons** du sport.

tense *le temps* = tells you when an action takes place

adjective *un adjectif* = a word which describes a noun
Ton frère est **sympa**.
C'est un appartement **moderne**.

preposition *une préposition* = describes position: where something is
Mon sac est **sur** mon lit. J'habite **à** Paris.

128 cent vingt-huit

Grammaire

1 Nouns and determiners
les noms et les déterminants

1.1 Masculine or feminine?

All French nouns are either masculine or feminine. Determiners must match.

	masculine words	feminine words
a or *an*	un	une
the	le	la

un sport, **le** bateau = masculine
une question, **la** maison = feminine

Important! When you meet a new noun, learn whether it is masculine or feminine.

learn	une pomme	✓
not	pomme	✗

1.2 Singular or plural?

Most French nouns add *–s* to make them plural, just as in English:

la jambe → les jambes

(In French the *–s* at the end of the word is not usually pronounced.)

Exceptions
- nouns already ending in *–s*, *–x* or *–z* usually stay the same:
  le bras → les bras
  le prix → les prix
- nouns ending in *–eau* or *–eu* add *–x*:
  un chapeau → des chapeaux
  un jeu → des jeux
- nouns ending in *–al* usually change to *–aux*:
  un animal → des animaux
- a few nouns change completely:
  un œil → des yeux

In front of plural nouns, the determiners change:
un/une → des
le/la → les

Natacha mange **une** banane.
Natacha mange **des** bananes.
Le professeur a mal à la tête.
Les professeurs ont mal à la tête.

1.3 de + noun = *some / any*

	singular	plural
masculine words	du (*or* de l')	des
feminine words	de la (*or* de l')	des

Use *du, de la, de l'* or *des* + noun to say *some* or *any*.
On a mangé **des** croissants avec **de la** confiture.
We ate **some** croissants with jam.
Tu as **du** chocolat?
Have you got **any** chocolate?

Note: In English, you can often leave out the word *some* or *any*. In French it can never be left out:
On a bu **de l'eau**.
We drank **some water**./We drank **water**.
(For how to say *any* in a negative sentence, see section 7.2.)

1.4 Talking about jobs

As in English, some jobs are the same whether the person is a man or a woman:
un médecin — a doctor
un/une journaliste — a journalist

More often, the French names of jobs are different for men and women:

	masculine	feminine
a hairdresser	un coiffeur	une coiffeuse
a youth worker	un éducateur	une éducatrice
a mechanic	un mécanicien	une mécanicienne
a lawyer	un avocat	une avocate

Saying what job someone does is one of the few times a noun in French does **not** have *le/la/les* or *un/une/des* in front of it:

Elle est informaticienne.   She's **a** computer scientist.
Je voudrais être dentiste.   I'd like to be **a** dentist.

cent vingt-neuf   129

Grammaire

2 Adjectives
les adjectifs

2.1 Form of adjectives

In English, whatever you are describing, the adjective stays exactly the same. In French, the adjective changes to match the word it is describing. Like the noun, it must be either masculine or feminine, singular or plural.

To show this, there are special adjective endings:

	singular	plural
masculine words	add nothing	add –s
feminine words	add –e	add –es

mon père est petit   mes frères sont peti**ts**
ma mère est peti**te**   mes sœurs sont peti**tes**

Exceptions:
- Adjectives that end in –e don't add another in the feminine (but they do add –s in the plural):
  un frère calme → une sœur calme
  des enfants calmes
- Adjectives ending in –eur or –eux usually change to –euse in the feminine:
  un frère travailleur → une sœur travaill**euse**
  un frère courageux → une sœur courag**euse**
- Adjectives already ending in –s don't add another in the masculine plural (but they do add –es in the feminine plural):
  gris (grey):

masculine plural	feminine plural
les cheveux gri**s**	les chaussettes gri**ses**

- A very few adjectives stay the same whether they are masculine or feminine, singular or plural:
  un cousin sympa, une cousine sympa,
  des cousins sympa
  le foot est super, la France est super, les émissions sont super

- Some adjectives have their own pattern:

singular		plural	
masculine	**feminine**	masc./mixed	**feminine**
blanc	blanche	blancs	blanches
bon	bonne	bons	bonnes
gros	grosse	gros	grosses
violet	violette	violets	violettes
beau*	belle	beaux	belles
nouveau*	nouvelle	nouveaux	nouvelles
vieux*	vieille	vieux	vieilles

* become *bel, nouvel, vieil* before a masculine noun that starts with a vowel, e.g. *le nouvel an*

2.2 Position of adjectives

In English, **adjectives** always come before the noun they describe:
a **red** sweatshirt, a **modern** kitchen, **nice** friends.

In French, **adjectives** usually come after the noun:
un sweat **rouge**, une cuisine **moderne**, des copains **sympa**.

Some adjectives break this rule of position. The following come before the noun:

grand   petit   gros
nouveau   jeune   vieux
beau   bon   mauvais

un **nouveau** portable   la **jeune** fille   de **bonnes** idées

> **A** Write out the sentences adding the adjectives in brackets in the right form and in the right position.
>
> **Example** *J'ai une maison.* [petit, moderne] →
> *J'ai une petite maison moderne.*
>
> a On a vu un film. [français]
> b J'aime bien l'acteur. [jeune]
> c Tu vois la porte à gauche? [petit]
> d Ils ont regardé une émission. [intéressant, nouveau]
> e Elle a une robe. [blanc, beau]
> f Mon frère a un portable. [nouveau, noir]

130   cent trente

Grammaire

2.3 Comparatives

To compare, use *plus*, *moins* or *aussi*:

plus + adjective/adverb + *que* — more ... than
moins + adjective/adverb + *que* — less ... than
aussi + adjective/adverb + *que* — as ... as

– with an adjective:
  *Le livre est **plus intéressant** que le film.* — The book is **more interesting than** the film.
  *L'appartement est **moins cher que** la maison.* — The flat is **less expensive than** the house.
  *Elle est **aussi grande que** moi.* — She's **as tall as** me.

- *Bon* (good) and *mauvais* (bad) are exceptions:
  bon → meilleur
  *Le film est **meilleur que** le livre.* — The film is **better than** the book.
  mauvais → pire
  *Le livre est **pire que** le film.* — The book is **worse than** the film.

– with an adverb:
  *Il parle **plus lentement que** le prof.* — He speaks **more slowly than** the teacher.
  *Il nage **moins vite que** Marc.* — He swims **less quickly than** Marc.
  *Elle joue **aussi bien que** Sophie.* — She plays **as well as** Sophie.

- One exception: bien → mieux:
  *Il joue bien mais je joue **mieux que** lui.* — He plays well but I play **better than** him.

2.4 The superlative

To say "the most" or "the least", use *le*, *la* or *les* before *plus* or *moins* + adjective/adverb.

– with an adjective:
  *l'histoire **la plus** intéressante* — the **most interesting** story
  *le film **le moins** violent* — the **least violent** film
  *les effets **les plus** géniaux* — the **most spectacular** effects

(NB The adjective must agree with the noun.)

- Exceptions:
  *le **meilleur** film de l'année* — the **best** film of the year
  *la **pire** comédie des années 90* — the **worst** comedy of the nineties

– with an adverb:
  *Il court **le plus vite**.* — He runs **the fastest**.
  *C'est Nabila qui chante **le moins bien**.* — It's Nabila who sings **the least well.**

- One exception: *le mieux* (the best):
  *Qui fait **le mieux** la cuisine?* — Who cooks the best?

2.5 Demonstrative adjectives

Ce, cet, cette, ces can be used instead of *un, une, des* or *le, la, les* to say this/these or that/those.

*Tu aimes **ce** livre?* — Do you like **this** book?
*Je ne connais pas **cette** fille.* — I don't know **that** girl.
*Je prends **ces** chaussures.* — I'll take **these** shoes.

	masculine	feminine
singular	ce (cet*)	cette
plural	ces	ces

* *cet* is used before masculine singular nouns that begin with a vowel or a silent h (*cet étage, cet hôtel*)

3 The possessive
la possession

3.1 The possessive of nouns

To show who (or what) things belong to, use *de* (of) with nouns:
  *les baskets **de Natacha*** — **Natacha's** trainers
  *les questions **des élèves*** — **the pupils'** questions

> **B** Translate into French.
>   a Samira's brothers
>   b the teacher's book
>   c the children's ideas
>   d the old lady's cat
>   e Dad's computer

cent trente-et-un 131

Grammaire

3.2 Possessive adjectives

These adjectives show who or what something belongs to (**my** bag, **your** CD, **his** brother).
They come before the noun they describe, in place of *un/une/des* or *le/la/les*, for example.

Like all adjectives, they have to match the noun they describe:

	singular		plural
	masculine	feminine*	masculine or feminine
my	mon	ma	mes
your	ton	ta	tes
his/her	son	sa	ses
our	notre	notre	nos
your	votre	votre	vos
their	leur	leur	leurs

*Before a feminine noun that begins with a vowel, use *mon, ton, son* (*mon imagination, ton amie, son opinion*).

Ma sœur déteste ton frère. — **My** sister hates **your** brother.
Il parle avec sa grand-mère. — He is talking to **his** grandmother.

⚠ The words for *his* and *her* are the same (either *son, sa* or *ses*, depending on the word that follows).
Karima adore son chien. — Karima loves **her** dog.
Marc adore son chien. — Marc loves **his** dog.

C **Translate into French using the correct possessive adjectives.**

a It's my magazine.
b Your CD is in her flat.
c My grandparents are Italian. I love their pizzas!
d His cousins don't like their teacher.
e Their mother is a doctor and their father is a dentist.
f Their house is bigger than our house.
g My girlfriend bought your tickets.
h She went with her mother and her father.
i Put your jacket in my wardrobe.
j Do you like our dog and our cats?
k Your mobile is in my bag.
l Where are your pen and your pencils?

4 Prepositions

les prépositions

(Illustration showing prepositions: dans, à côté de, sur, derrière, à gauche de, entre, à droite de, devant, près de, sous)

The prepositions below describe position:

4.1 à (at, in, to)

● *à* combines with *le* or *les* in front of the noun to form a completely new word:

à + le → au
à + les → aux   } = to / at the

	singular	plural
masculine words	au (*or* à l')	aux
feminine words	à la (*or* à l')	aux

● Time
Use *à* to say *at* a time:
J'ai français à quatre heures.
I have French **at** four o'clock.

● Places
Use *à* to say *at*, *in* or *to* a place, combining it with the determiner in masculine or plural:
J'habite à Paris. — I live **in** Paris.
Je vais à la gare. — I am going **to the** station.
Il est au cinéma. — He's **at the** cinema.

● Parts of the body that hurt
Use *à* in front of the part of the body, combining it with the determiner in masculine or plural:
J'ai mal à la tête. — I've got a headache.
Max a mal au dos. — Max has backache.
Tu as mal aux dents? — Have you got toothache?

4.2 en (in, to, by)

● **Places**

In French, most names of countries are feminine. To say *in* or *to* these countries, use the word *en*:

*Vous allez **en** France?*   Are you going **to** France?
*J'habite **en** Écosse.*   I live **in** Scotland.

⚠️ For masculine names of countries, use *au*, and *aux* for plural names.
*Cardiff est **au** pays de Galles.*
Cardiff is **in** Wales.
*Ma cousine va **aux** États-Unis.*
My cousin's going **to the** United States.

en ville = in or to town

● **Time**
en juin	**in** June
en hiver	**in** winter
en 2012	**in** 2012

● **Means of transport**

Use *en* + name of means of transport to say how you travel:
en train	**by** train
en bus	**by** bus
en voiture	**by** car
en avion	**by** plane

⚠️ For walking or a two-wheeled vehicle, use *à* + means of transport (without a determiner):
*Il va **à** pied.*   He is walking.
*Elle va **à** vélo.*   She is going **by** bike.
*Nous allons **à** mobylette.*   We are going **by** moped.

5 Pronouns
les pronoms

A pronoun is used instead of a noun or name to avoid repetition. For example:

My cat is called Tigger. Tigger sleeps in a box. =
He sleeps in a box.

5.1 Subject pronouns

The subject of a verb tells you who or what is doing the action of the verb. It is usually a noun, but sometimes it is a pronoun. In English, we use the following subject pronouns:

I   you   he   she   it   we   they

I'm learning French. Are **you**?
Annie is learning Italian. **She** loves it.

The French subject pronouns are:

I =	je	
	j'	in front of a vowel or a silent *h*: *j'aime/j'habite*
you =	tu	when talking to a child, a friend or a relative
	vous	when talking to an adult you are not related to, or more than one person
he =	il	for a boy or man
she =	elle	for a girl or woman
it =	il	if the noun it refers to is masculine
	elle	if the noun it refers to is feminine
we =	nous	
	on	used more than *nous* in conversation.

Use *on* when speaking or writing to friends.
Use *nous* when writing more "official" texts.

they =	ils	for a masculine plural or for a mixed group (masculine + feminine)
	elles	for a feminine plural
	on	when it means people in general

cent trente-trois 133

Grammaire

● **On**

On can mean *you*, *we*, *they* or *one*.
It is followed by the form of the verb that follows *il* or *elle*:
Chez moi, on parle arabe.
At home **we speak** Arabic.

Au Québec, on parle français.
In Quebec, **they speak** French.

On a parlé au téléphone.
We spoke on the telephone.

On est allés* au cinéma.
We went to the cinema.

* When *on* means a group of people, verbs that form the *passé composé* with *être* can add *-s* to the past participle after *on* (*-es* if *on* refers to an all-female group).

5.2 Direct object pronouns

Sometimes a pronoun is the object of a verb, not its subject (it has the action done to it):
I like **it**.   He bought **them**.

● The French direct object pronouns are:

me*	me	nous	us
te*	you	vous	you
le*	him, it (masc.)	les	them
la*	her, it (fem.)		

* *m'*, *t'* and *l'* before words that start with a vowel or silent *h*

● **Object pronouns** come immediately before the verb:
Ton livre, tu le mets dans ton sac pour ne pas l'oublier.
Your book! Put **it** in your bag so you won't forget **it**.
Ta correspondante, tu la connais déjà?
Your exchange partner, do you already know **her**?
Mes repas? Elle les mange, mais elle ne les aime pas!
My meals? She eats **them** but she doesn't like **them**!

● In the perfect tense, object pronouns come before the part of *avoir* or *être*, and the past participle agrees with the object pronoun:

Ta copine? Je l'ai vue hier.
Your friend? I saw **her** yesterday.
Mes repas? Il ne les a pas aimés.
My meals? He didn't like **them**.

D **What do the pronouns stand for? Choose i or ii.**

a Je les écoute de temps en temps.
  i mes CD   ii la radio
b Je l'aime bien.
  i ma sœur   ii mes copines
c Tu l'as vu?
  i les infos   ii le film
d Il la prend maintenant.
  i sa douche. ii son petit déjeuner.

5.3 Indirect object pronouns

An individual object pronoun replaces a noun (usually a person) that is linked to the verb by a preposition, usually *à*:

Tu parles à Léo? Je parle à Léo souvent. = *Je lui parle souvent.*
Do you speak **to Léo**? I often speak **to Léo**. = I often speak **to him**.

The French indirect object pronouns are:

me / m'	to me	nous	to us
te / t'	to you	vous	to you
lui	to him, her, it	leur	to them

5.4 y (there)

Y is a pronoun which is used instead of *à* + a place.
Like the direct object pronouns (see 5.2), *y* goes immediately before the verb:

Elle va à la plage. Elle y va.
She goes **to the beach**. She goes **there**.

5.5 en (some, any)

Use *en* instead of *du/de la/des* + noun:
Tu as du thé? Oui, j'en ai.   Do you have any tea?
                                 Yes, I have **some**.

cent trente-quatre

5.6 Emphatic pronouns

The French emphatic pronouns are:

moi	me, I	nous	us, we
toi	you	vous	you
lui	him, he	eux	them (masc.), they
elle	her, she	elles	them (fem.), they

Use an emphatic pronoun:

- to emphasize a subject pronoun (in English we usually put more emphasis on the pronoun rather than add a word)
  Moi, je vais à l'office du tourisme pour mon stage.
  Et **toi**, tu vas où?
  I'm going to the tourist office for my work placement. **What** about you? Where are you going?

  In front of *on*, use *nous* to emphasize 'we'.
  Vous ne recyclez pas le papier? **Nous**, on recycle le papier et le verre.
  Don't you recycle paper? **We** recycle paper and glass.

- after prepositions like *devant*, *chez* and *avec*:
  Tu rentres chez **toi** à quelle heure?
  What time do you get home?
  Tu viens en ville avec **moi**?
  Do you want to come to town with **me**?

- after *c'est*:
  C'est **lui**! It's **him**!

- as a one-word answer to a question:
  Qui joue du piano? **Moi**!
  Who plays the piano? **Me**!

E Fill in the missing pronouns.

a ***, je voudrais être journaliste.

b ***, il veut être acteur.

c ***, elle préférerait être infirmière.

d Mes cousines sont sympa: je m'entends bien avec ***.

e Mon père est remarié et je vais chez *** le samedi.

5.7 Relative pronouns *qui* and *que*

Relative pronouns link two parts of a sentence to avoid repetition. They are:

qui   who, which, that
que   who, whom, which, that

Qui replaces a noun that is the subject of the verb. It can stand for a singular or a plural noun and the verb that follows agrees with the noun that *qui* replaces.

J'ai un frère. **Mon frère** travaille dans un hôtel.
J'ai un frère **qui** travaille dans un hôtel.
I have a brother **who** works in a hotel.

Que replaces a noun that is the object of the verb:
J'ai **un chien**. J'aime beaucoup **mon chien**.
J'ai un chien **que** j'aime beaucoup.
I have a dog **that** I love very much.

6 Verbs
les verbes

Verbs describe what is happening. If you can put *to* in front of a word or *-ing* at the end, it is probably a verb.*

listen – to listen ✓ = a verb
desk – to desk ✗ = not a verb

* Some words can be nouns as well as verbs, such as *to drink* (verb) and *a drink* (noun).

6.1 The infinitive

Verbs take different forms:
I **do** the dishes every day. Alan **does** too, but you **don't**.

You won't find all the forms of a verb listed in a dictionary. For example, you won't find *does* or *don't*. You have to look up the infinitive, **to do**.

Infinitives in French are easy to recognize as they normally end with either *-er*, *-re* or *-ir*. For example: *regarder, prendre, choisir*.

Grammaire

6.2 The present tense

A verb in the present tense describes an action which is taking place now or takes place regularly.

*Je **vais** au collège maintenant.* (now)
*Je **vais** au collège tous les jours.* (every day)

- **Regular verbs in the present tense**

    Most French verbs follow the same pattern. They have regular endings.

Typical endings for verbs that end in *-er*, like *aimer*, in the present tense are:

j'	aim**e**	nous	aim**ons**
tu	aim**es**	vous	aim**ez**
il/elle/on	aim**e**	ils/elles	aim**ent**

Some other verbs which follow the same pattern are: *adorer, arriver, détester, écouter, jouer, parler, regarder.*

Typical endings for verbs that end in *-ir*, like *choisir*, in the present tense are:

je	choisi**s**	nous	choisi**ssons**
tu	choisi**s**	vous	choisi**ssez**
il/elle/on	choisi**t**	ils/elles	choisi**ssent**

Some other verbs which follow the same pattern are: *finir, remplir.*

Typical endings for verbs that end in *-re*, like *vendre*, in the present tense are:

je	vend**s**	nous	vend**ons**
tu	vend**s**	vous	vend**ez**
il/elle/on	vend	ils/elles	vend**ent**

Some other verbs which follow the same pattern are: *attendre, descendre, perdre, répondre.*

- **Verbs with spelling changes in the present tense**

Some verbs are almost regular, but you need to remember a small spelling variation to the rule.

- Verbs ending in *-ger*, like *manger, nager* and *ranger*, are regular in all but the *nous* form, which adds an extra *-e* to keep the sound of the *g* soft:
  *nous mang**e**ons, nag**e**ons, rang**e**ons*
- Verbs ending in *-cer*, like *commencer* or *lancer*, are regular in all but the *nous* form, which changes *c* to *ç* to keep the sound soft:
  *nous commen**ç**ons, nous lan**ç**ons*
- Verbs ending in *-eler*, like *appeler*, double the *l* before a silent *-e* (i.e. in all forms except *nous* and *vous*):
  *j'appe**ll**e, nous appe**l**ons*
- Verbs ending in *-e* + consonant + *er*, like *acheter, lever* and *promener*, change the *e* of the stem to *è* before a final *e* (i.e. in all forms except *nous* and *vous*):
  *j'ach**è**te, nous ach**e**tons; je me l**è**ve, nous nous l**e**vons*

- **Irregular verbs in the present tense**

    Some verbs do not follow this regular pattern. They are irregular verbs. Find the present tense forms of these useful verbs in the verb tables on pages 144–145 and try to learn them by heart, particularly the ones in bold print:

aller	**avoir**	boire	sortir
devoir	dire	dormir	venir
écrire	**être**	**faire**	voir
lire	mettre	partir	**vouloir**
pouvoir	prendre	savoir	

> **F** Change the infinitives in brackets to the correct form of the present tense verb.
>
> a Je [aller] en ville.
> b Je [devoir] m'acheter un nouveau portable.
> c C' [être] l'anniversaire de ma mère demain.
> d Tu [faire] souvent la cuisine?
> e Je [mettre] le couvert et tu [pouvoir] m'aider.
> f Ma copine [venir] chez nous et nous [boire] du thé.
> g On [prendre] le bus qui [partir] à neuf heures.
> h Ils [aller] au cinéma mais je [regarder] la télé.

Grammaire

6.3 The perfect tense

A verb in the perfect tense (*passé composé*) describes an action which happened in the past. There are several ways to translate the *passé composé* in English:

***J'ai regardé** la télé.* **I watched** TV. or **I have watched** TV.

For the *passé composé*, you need two parts: the present tense of *avoir* or *être* + the past participle of the main verb. See 6.4, 6.5 and 6.6.

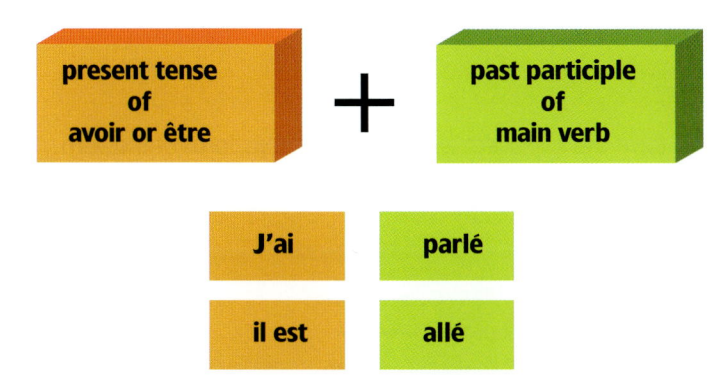

present tense of avoir or être + **past participle of main verb**

J'ai — parlé
il est — allé

6.4 The past participle

To form the past participle, take the infinitive of the verb and change the ending:

- infinitives ending in *-er*: past participle ends in *-é*
  manger → *mangé*
- infinitives ending in *-ir*: past participle ends in *-i*
  choisir → *choisi*
- infinitives ending in *-re*: past participle ends in *-u*
  descendre → *descendu*

There are some exceptions to the above rules. Check the verb tables on pages 144–145 to find them. Learn by heart these common exceptions:

avoir → eu		être → été
écrire → écrit		faire → fait
voir → vu		boire → bu
lire → lu		venir → venu
mettre → mis		prendre → pris
pouvoir → pu		devoir → dû
vouloir → voulu			

6.5 avoir + past participle

Most verbs form the perfect tense with part of *avoir*:

présent	passé composé		
		avoir	past participle
je regarde	j'	ai	regardé
tu regardes	tu	as	regardé
il regarde	il	a	regardé
elle regarde	elle	a	regardé
on regarde	on	a	regardé
nous regardons	nous	avons	regardé
vous regardez	vous	avez	regardé
ils regardent	ils	ont	regardé
elles regardent	elles	ont	regardé

6.6 être + past participle

Some verbs form the perfect tense with *être*, not *avoir*.

présent	passé composé		
		être	past participle
j'arrive	je	suis	arrivé(e)
tu arrives	tu	es	arrivé(e)
il arrive	il	est	arrivé
elle arrive	elle	est	arrivée
on arrive	on	est	arrivé(e)(s)
nous arrivons	nous	sommes	arrivé(e)s
vous arrivez	vous	êtes	arrivé(e)(s)
ils arrivent	ils	sont	arrivés
elles arrivent	elles	sont	arrivées

These are mostly verbs that indicate movement from one place to another. You will need to learn by heart which they are.

Try learning them in pairs:

arriver / partir	to arrive / to leave
aller / venir	to go / to come
entrer / sortir	to go in / to go out
monter / descendre	to go up / to go down
rentrer / retourner	to go home / to go back
tomber / rester	to fall / to stay
naître / mourir	to be born / to die

- The ending of the past participle changes when it comes after *être* in the *passé composé*. It agrees with the subject of the verb (masculine/feminine, singular/plural).

cent trente-sept 137

Grammaire

*Je suis all**é** en France.*
*(Il est all**é** en France.)*

*Je suis all**ée** en France.*
*(Elle est all**ée** en France.)*

*Vous êtes all**és** en France?*
*Oui, nous sommes all**és** en France.*
*On est all**és** en France.*
*(Ils sont all**és** en France.)*

*Vous êtes all**ées** en France?*
*Oui, nous sommes all**ées** en France.*
*On est all**ées** en France.*
*(Elles sont all**ées** en France.)*

G **Copy and complete the text with the correct past participles.**

J'ai **[faire]** un échange avec Jade Smith en Angleterre. J'ai **[prendre]** le train et le bateau. Pendant le voyage, j'ai **[manger]** un sandwich et j'ai **[lire]** un livre intéressant.
J'ai bien **[aimer]** les repas chez les Smith. Avec le repas du soir, on a **[boire]** du lait – bizarre!
On a **[visiter]** Londres deux fois et on a **[regarder]** un match de cricket à Woking. On ne joue pas au cricket en France et c'est la première fois que j'ai **[voir]** un match.
J'ai **[devoir]** beaucoup parler anglais et j'ai **[faire]** beaucoup de progrès!

H **Copy and complete with perfect tense verbs. Be sure to check that the past participle agrees with the subject of the verb.**

a Laura [partir] le matin et elle [arriver] le soir.
b Elle [aller] à Paris et elle [monter] à la tour Eiffel.
c Laura et sa copine [aller] au cinéma.
d Les garçons [aller] au bowling.
e David [rester] à la maison mais sa sœur [sortir].

6.7 The imperfect tense

The imperfect tense is used in two different ways in *Clic!* 3:

- To describe a person or thing in the past, using *être*:

C'**était** génial!   It **was** great!
Les profs **étaient** sympa.   The teachers **were** nice.

- To describe an action which used to happen or which happened often in the past:

On **allait** au bord de la mer.
We used to go to the seaside.

To form the imperfect tense, take the *nous* form of the verb in the present tense (except *être* – see below) and remove the *-ons*:

jouer → *nous jouons* → *jou-*
aller → *nous allons* → *all-*
faire → *nous faisons* → *fais-*

Then add the correct ending according to who is doing the verb:

faire			
je	fais**ais**	nous	fais**ions**
tu	fais**ais**	vous	fais**iez**
il/elle/on	fais**ait**	ils/elles	fais**aient**

Use the verb tables on pages 144–145 to check the imperfect forms of some common verbs.

⚠ There is only one exception to the rule for forming the imperfect: the verb *être*. It uses the same endings, but on the stem *ét-*: *j'étais*, etc.

I **Copy out the text using the right form of imperfect tense verbs to replace the infinitives in brackets.**

Le week-end, quand j' [être] petit, je [regarder] la télé ; je [jouer] aussi au football avec mes frères. On [aimer] beaucoup ça !
Le week-end, mes parents [être] toujours fatigués. Papa [dormir] jusqu'à midi et Maman [lire] des magazines dans le séjour. C'[être] toujours calme chez nous !

cent trente-huit

De temps en temps, nous [aller] en ville.
Nous [visiter] un musée ou une galerie d'art. Je [détester] ces sorties. Il n'y [avoir] rien à faire pour les enfants.

6.8 Perfect or imperfect?

How do you know which past tense to use?

- Use the perfect to talk about one particular event in the past:
  *Je **suis allée** au centre de vacances.*
  I went to the holiday camp.
  *J'**ai pris** le train.*
  I **took** the train.

- Use the imperfect if you are describing what something was like or talking about what used to happen:
  *La fête **était** super.*
  The party **was** great.
  *À l'école primaire, je **jouais** avec mes copains.*
  At primary school, I **used to play** with my friends.

J **Choose the perfect or the imperfect.**

Quand **j'ai été** / **j'étais** petit, **je suis allé** / **j'allais** chez mon père tous les week-ends. Il **a habité** / **habitait** une petite maison à la campagne. En général, il **a fait** / **faisait** beau. **J'ai joué** / **Je jouais** aux petites voitures dans le jardin et mon père **a lu** / **lisait** beaucoup d'histoires. On **s'est amusés** / **s'amusait** et je **n'ai jamais voulu** / **ne voulais jamais** rentrer à la maison. En 2008, nous **avons passé** / **passions** un week-end au bord de la mer à Dinard. On **a joué** / **jouait** sur la plage toute la journée et le soir **on a mangé** / **mangeait** dans une crêperie.

6.9 depuis + present tense

Depuis can usually be translated as 'since' or 'for'. Use it to talk about what has been and still is going on. In English the verb stresses the past, but in French, the verb stresses the present:

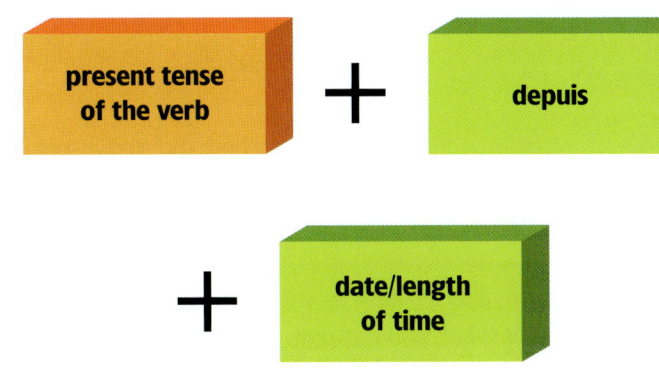

present tense of the verb + **depuis** + **date/length of time**

J'habite au Canada depuis 2007.
I have been living in Canada since 2007 (and I still do).
On joue au basket depuis deux ans.
We have been playing basketball for two years.

6.10 Talking about the future

- To talk about something that is going to happen in the near future:

  – Use the present tense with a time indicator, as in English:

  Je fais mes devoirs demain.
  I'm doing my homework tomorrow.
  Il part ce soir.
  He leaves this evening.

  – Use the present tense of the verb *aller* + infinitive:
  *Tu **vas travailler** ce week-end?*
  Are you going to work this weekend?
  *Ils **vont prendre** le bus à 10 heures.*
  They are going to get the bus at 10 o'clock.

- There is also a special future tense to talk about what someone will do or what will happen:
  *J'**aurai** une grande maison.*
  I will have a big house.
  *Les gens **vivront** plus longtemps.*
  People will live longer.

Grammaire

The future tense is formed by adding the following endings to the infinitive form of the verb:*

je	regarder**ai**	nous	regarder**ons**
tu	regarder**as**	vous	regarder**ez**
il/elle/on	regarder**a**	ils/elles	regarder**ont**

* if the infinitive ends in *-e*, take off the *e* first

There are some exceptions to this rule, where the stem is not the infinitive, e.g. *être – ser-*, *avoir – aur-*, *faire – fer-*. See the verb tables on pages 144–145.

> **K** **Rewrite the sentences with future tense verbs to show what will happen.**
>
> **Example** *Je travaille en France.* → *Je travaillerai en France.*
>
> a Je joue au football.
> b On mange des fruits de mer.
> c Elle oublie son argent.
> d Tu es content.
> e Vous recyclez les papiers.
> f Nous partons plus tard.

- If you are talking about future plans which are not certain (wishes, ambitions or dreams), use *je/tu voudrais* + infinitive:
  *Je **voudrais être** chanteur.*
  I **would like to be** a singer.
  *Tu **voudrais habiter** en France?*
  Would you **like to live** in France?

- *Quand* + future tense
  Use the future tense after *quand* where in English we use the present tense:
  *Quand **je serai** riche...*   When **I am** rich...

6.11 The conditional

Verbs in the conditional are used where in English we use *would* + verb:
  *Je **voudrais** habiter en France.*
  I would like to live in France.

The conditional is formed in a similar way to the future tense in French (see 6.10).
To form the conditional, add these endings to the future stem:

je	donner**ais**	nous	donner**ions**
tu	donner**ais**	vous	donner**iez**
il/elle/on	donner**ait**	ils/elles	donner**aient**

6.12 Reflexive verbs

Reflexive verbs need a pronoun between the subject and the verb.

subject   pronoun   verb

Je   me   lève   (I get myself up) I get up.
Je   m'   habille   (I dress myself) I get dressed.

Some common reflexive verbs: *se laver, se brosser les dents, se réveiller, s'amuser, s'ennuyer, se coucher, se reposer*

- The pronoun changes according to the subject it goes with:

je	+ *me/m'*	nous	+ *nous*
tu	+ *te/t'*	vous	+ *vous*
il/elle/on	+ *se/s'*	ils/elles	+ *se/s'*

(See also 7.4.)

- All reflexive verbs make their perfect tense with *être*. The <u>reflexive pronoun</u> goes in front of the part of *être*:

  *Je **me** suis brossé les dents.*   I brushed my teeth.
  *Il **s'est** reposé dans le jardin.*   He rested in the garden.

The past participle agrees with the subject in gender and in number:

  *Anne s'est couché**e** de bonne heure.*
  Anne went to bed early.
  *Ses parents se sont couché**s** plus tard.*
  Her parents went to bed later.

Grammaire

> **L** **Translate into French using reflexive verbs.**
>
> a I wake up at seven o'clock.
> b We get up at ten past seven.
> c He gets dressed in his room.
> d The cat is resting in the garden.
> e The children have a good time at school.
> f My little sisters are bored at home.

6.13 The imperative

The imperative is the form of the verb you use to give someone an order, an instruction or advice:
Eat! Go to bed. Turn left.

When giving an instruction to:
- someone you say *tu* to:
  use the *tu* form of the verb, without the *tu* (and no final *-s* for *-er* verbs)

- someone you say *vous* to (or more than one person):
  use the *vous* form of the verb, without the *vous*

	tu	vous
Eat!	Mange!	Mangez!
Turn left!	Tourne à gauche!	Tournez à gauche!
Do some sport!	Fais du sport!	Faites du sport!
Go to bed.	Va au lit.	Allez au lit.
Save water.	Économise l'eau.	Économisez l'eau.

To tell someone not to do something, see 7.6.

6.14 Verb + infinitive

Sometimes there are two verbs next to each other in a sentence. The form of **the first verb depends on the subject**, and the second verb is in the infinitive.

J'aime aller au cinéma.	I like going to the cinema.
Tu dois faire tes devoirs.	You must do your homework.
On préfère lire ce livre.	We prefer to read this book.
Il va manger du pain.	He's going to eat some bread.

- *aller* + infinitive – talking about the future
  Use the present tense of the verb *aller* followed by an infinitive to talk about something that is going to happen in the near future (see 6.10):
  Je vais retrouver Juliette à six heures.
  I'm going to meet Juliette at six o'clock.

- *devoir, pouvoir, vouloir*
  These verbs are nearly always followed by the infinitive of another verb.
  devoir – to have to (I must)
    Vous **devez** manger des légumes.
    You **must** eat vegetables.

  pouvoir – to be able to (I can)
    Je **peux** m'habiller comme je veux.
    I **can** dress how I like.

  vouloir – to want
    Tu **veux** rester à la maison?
    Do you **want** to stay at home?

See the full pattern of the present tense of these verbs on pages 144–145.

The infinitive is also used:

- after *il faut* and *il ne faut pas*:
  Il faut faire tes devoirs.
  You have to do your homework.
  Il ne faut pas attendre.
  You don't have to wait.

- after *pour* when it means *in order to*:
  Je vais en France **pour** apprendre le français.
  I go to France **to** learn French.

- If there is a verb after *avoir besoin de*:
  J'ai besoin de parler au prof.
  I **need to** speak to the teacher.

cent quarante-et-un 141

Grammaire

6.15 jouer à / jouer de

To talk about playing games or sport, use *jouer à*:
J'aime jouer au football.   I like playing football.

To talk about playing a musical instrument, use *jouer de*:
Je joue de la guitare.   I play the guitar.

Remember:
à + le = **au**   de + le = **du**
à + les = **aux**   de + les = **des**

7 Negatives
la négation

In English, the most common negative form uses the word *not* or *-n't* as in *doesn't, don't, haven't, hasn't*.

In French, use **ne** and **pas**, which go on either side of the verb (*ne* = *n'* in front of a vowel or a silent *h*):
Je ne suis pas français.   I'm **not** French.
Elle n'a pas de sandales. She has**n't** got any sandals.

7.1 ne... jamais, ne... rien, ne... plus

Some other negatives which also go on either side of the verb:
  ne (or n') ... jamais   never
  ne (or n') ... rien   nothing/not anything
  ne (or n') ... plus   no longer, no more

Je ne vais jamais au cinéma.
I **never** go to the cinema.
Elle ne mange rien.
She does**n't** eat **anything**.
Ils n'habitent plus en France.
They **no longer** live in France.

7.2 Negative + de / d' + noun

If you use *ne ... pas/jamais/plus* with a noun, replace *un/une/des* before the noun with *de* (or *d'* in front of a vowel or a silent *h*):

Il n'y a pas de pizza/fromage/chips.
There is**n't** any pizza/cheese/there are**n't any** crisps.
On n'a plus de chocolat.
We have**n't** got **any more** chocolate.
Je n'ai jamais d'argent.
I **never** have **any** money.

7.3 Ne ... que

The negatives *ne ... que* either side of the verb mean 'only':

Je n'ai que deux euros.
I've **only** got two euros.
Ils ne mangent que des légumes.
They **only** eat vegetables.

7.4 Negative + reflexive verbs

To use reflexive verbs in the negative, put *ne* before the pronoun and *pas/plus/jamais* after the verb:
Je m'amuse bien. Et toi?
I'm having fun. How about you?
Moi, je ne m'amuse pas.
I'm not having fun.

7.5 Negative + perfect tense

In the perfect tense, *ne* or *n'* and *pas/plus/jamais/rien* go either side of the auxiliary (the part of *avoir* or *être*):
Je n'ai pas fait la vaisselle.   I haven't washed up.
On n'a rien mangé.   We haven't eaten anything.
Ils ne sont jamais partis.   They never left.
Tu ne t'es pas lavé?   Haven't you had a wash?

> **M** Write 10 sentences about what you did/ didn't do last Saturday using at least 5 negative perfect tense verbs.
>
> **Example** Je suis allé au parc mais je n'ai pas joué au foot.

142 cent quarante-deux

7.6 Negative + imperative

To form a negative instruction or piece of advice, put *ne* or *n'* and *pas/plus/rien/jamais* either side of the verb:

Ne fume pas! Don't smoke!
Ne jetez rien par terre! Don't throw anything on the ground!

7.7 Negative + verb + infinitive

Ne/N' and *pas* go either side of the first verb:

Je n'aime pas aller au collège.
I don't like going to school.
On ne peut pas se marier à 15 ans.
We can't get married at 15.

Answers

A
a On a vu un film français.
b J'aime bien le jeune acteur.
c Tu vois la petite porte à gauche?
d Ils ont regardé une nouvelle émission intéressante.
e Elle a une belle robe blanche.
f Mon frère a un nouveau portable noir.

B
a les frères de Samira
b le livre du prof(esseur)
c les idées des enfants
d le chat de la vieille dame
e l'ordinateur de Papa

C
a C'est mon magazine.
b Ton (*or* Votre) CD est dans son appartement.
c Mes grands-parents sont italiens. J'adore leurs pizzas!
d Ses cousins n'aiment pas leur prof(esseur).
e Leur mère est médecin et leur père est dentiste.
f Leur maison est plus grande que notre maison.
g Ma copine a acheté tes (*or* vos) billets.
h Elle est allée avec sa mère et son père.
i Mets (*or* Mettez) ta (*or* votre) veste dans mon armoire.
j Tu aimes (*or* Vous aimez) notre chien et nos chats?
k Ton (*or* Votre) portable est dans mon sac.
l Où sont ton (*or* votre) stylo et tes (*or* vos) crayons?

D
a i mes CD   c ii le film
b i ma sœur   d i sa douche

E a moi   b lui   c elle   d elles   e lui

F
a vais   e mets, peux
b dois   f vient, buvons
c est   g prend, part
d fais   h vont, regarde

G fait   pris   mangé   lu   aimé   bu   visité   regardé   vu   dû   fait

H
a est partie / est arrivée
b est allée / est montée
c sont allées
d sont allés
e est resté / est sortie

I etais   regardais   jouais   aimait   etaient   dormait   lisait   etait   allions   visitions   detestais   avait

J j'étais   j'allais   habitait   faisait   Je jouais   lisait   s'amusait   ne voulais jamais   avons passé   a joué   a mangé

K
a Je jouerai   d Tu seras
b On mangera   e Vous recyclerez
c Elle oubliera   f Nous partirons

K
a Je me réveille à sept heures.
b On se lève (*or* Nous nous levons) à sept heures dix.
c Il s'habille dans sa chambre.
d Le chat se repose dans le jardin.
e Les enfants s'amusent à l'école.
f Mes petites sœurs s'ennuyent à la maison.

M Students' own answers

Grammaire

8 Verb tables

infinitive	present		perfect	imperfect	future
-er verbs PARLER (to speak)	je parle tu parles il/elle/on parle	nous parlons vous parlez ils/elles parlent	j'ai parlé	je parlais	je parlerai
-ir verbs FINIR (to finish)	je finis tu finis il/elle/on finit	nous finissons vous finissez ils/elles finissent	j'ai fini	je finissais	je finirai
-re verbs VENDRE (to sell)	je vends tu vends il/elle/on vend	nous vendons vous vendez ils/elles vendent	j'ai vendu	je vendais	je vendrai
reflexive verbs SE COUCHER (to go to bed)	je me couche tu te couches il/elle/on se couche	nous nous couchons vous vous couchez ils/elles se couchent	je me suis couché(e)	je me couchais	je me coucherai
irregular verbs ALLER (to go)	je vais tu vas il/elle/on va	nous allons vous allez ils/elles vont	je suis allé(e)	j'allais	j'irai
AVOIR (to have)	j'ai tu as il a	nous avons vous avez ils ont	j'ai eu	j'avais	j'aurai
BOIRE (to drink)	je bois tu bois il/elle/on boit	nous buvons vous buvez ils/elles boivent	j'ai bu	je buvais	je boirai
DEVOIR (to have to)	je dois tu dois il/elle/on doit	nous devons vous devez ils/elles doivent	j'ai dû	je devais	je devrai
DIRE (to say)	je dis tu dis il/elle/on dit	nous disons vous dites ils/elles disent	j'ai dit	je disais	je dirai
DORMIR (to sleep)	je dors tu dors il/elle/on dort	nous dormons vous dormez ils/elles dorment	j'ai dormi	je dormais	je dormirai
ÉCRIRE (to write)	j'écris tu écris il/elle/on écrit	nous écrivons vous écrivez ils/elles écrivent	j'ai écrit	j'écrivais	j'écrirai
ÊTRE (to be)	je suis tu es il/elle/on est	nous sommes vous êtes ils/elles sont	j'ai été	j'étais	je serai

cent quarante-quatre

Grammaire

infinitive	present		perfect	imperfect	future
FAIRE (to do/make)	je fais tu fais il/elle/on fait	nous faisons vous faites ils/elles font	j'ai fait	je faisais	je ferai
LIRE (to read)	je lis tu lis il/elle/on lit	nous lisons vous lisez ils/elles lisent	j'ai lu	je lisais	je lirai
METTRE (to put/put on)	je mets tu mets il/elle/on met	nous mettons vous mettez ils/elles mettent	j'ai mis	je mettais	je mettrai
POUVOIR (to be able to)	je peux tu peux il/elle/on peut	nous pouvons vous pouvez ils/elles peuvent	j'ai pu	je pouvais	je pourrai
PRENDRE (to take)	je prends tu prends il/elle/on prend	nous prenons vous prenez ils/elles prennent	j'ai pris	je prenais	je prendrai
SAVOIR (to know)	je sais tu sais il/elle/on sait	nous savons vous savez ils/elles savent	j'ai su	je savais	je saurai
SORTIR (to go out)	je sors tu sors il/elle/on sort	nous sortons vous sortez ils/elles sortent	je suis sorti(e)	je sortais	je sortirai
VENIR (to come)	je viens tu viens il/elle/on vient	nous venons vous venez ils/elles viennent	je suis venu(e)	je venais	je viendrai
VOIR (to see)	je vois tu vois il/elle/on voit	nous voyons vous voyez ils/elles voient	j'ai vu	je voyais	je verrai
VOULOIR (to want)	je veux tu veux il/elle/on veut	nous voulons vous voulez ils/elles veulent	j'ai voulu	je voulais	je voudrai

cent quarante-cinq

Glossaire

A

il/elle/on **a** he/she/it has, we have
à at, in, to
une **abeille** nf a bee
d' **abord** first
acheter v to buy
d' **accord** OK
un **acteur** nm an actor (male)
une **activité** nf an activity
une **actrice** nf an actress
additionner v to add up
un **adjectif** nm an adjective
un **adolescent** nm a teenager
adorer v to love
une **adresse** nf an address
s' **adresser** v to apply
un **adulte** nm an adult
un **aéroport** nm an airport
des **affaires** nf pl things, belongings
une **affiche** nf a poster
afficher v to stick up
affreux/affreuse adj terrible
l' **Afrique** nf Africa
l' **âge** nm age
un **agent de police** nm a police officer
agréable adj pleasant
j' **ai** I have
aider v to help
aimer v to like, to love
ajouter v to add
a l'air... (he/she) looks...
l' **Algérie** nf Algeria
algérien/algérienne adj Algerian
un **aliment** nm a foodstuff
l' **Allemagne** nf Germany
allemand/allemande adj German
aller v to go
vous **allez** you go
allô hello (over the phone)
nous **allons** we go
alors so, then
l' **alpinisme** nm mountaineering
l' **ambiance** nf atmosphere
améliorer v to improve
américain/américaine adj American
un **ami** nm a friend (male)
une **amie** nf a friend (female)
l' **amitié** nf friendship
amitiés best wishes (in a letter)
amusant/amusante adj funny, amusing
un **an** nm a year
l' **ananas** nm pineapple
ancien/ancienne adj old
à ne pas manquer not to be missed

anglais/anglaise adj English
l' **Angleterre** nf England
un **animal** nm animal
un/une **animateur/animatrice** nm/f an activity leader (in a holiday camp)
une **année** nf a year
un **anniversaire** nm a birthday
une **annonce** nf an advert
août August
un **appareil dentaire** nm braces
un **appareil photo numérique** nm a digital camera
un mot **apparenté** nm a cognate
un **appartement** nm a flat
s' **appeler** v to be called
je m' **appelle...** my name is...
tu t' **appelles...** your name is...
il/elle **s'appelle** his/her name is...
apprendre v to learn
approprié/appropriée adj appropriate
après after
l' **après-midi** nm the afternoon
l' **arabe** nm Arabic
l' **arbitre** nm referee
l' **argent** nm money
une **armoire** nf a wardrobe
arrêter v to stop
l' **arrivée** nf finish line
arriver v to arrive
tu **as** you have
assez rather, enough
assister v to watch (a match), to go to
l' **athlétisme** nm athletics
à tout à l'heure see you later
attendre v to wait
une **auberge de jeunesse** nf a youth hostel
aucun/aucune adj no, none
aujourd'hui today
auprès de according to
aussi too
l' **Australie** nf Australia
l' **automne** nm autumn
un **automobiliste** nm a driver
l' **autre** nm other
d' **avance** in advance
avancer v to go forward
avant before
avec with
vous **avez** you have
un **avion** nm a plane
un **avis** nm an opinion
à mon **avis** in my opinion
avoir v to have
nous **avons** we have
avril April

B

le **baby-foot** nm table football
une **baguette** nf a French loaf
la **baignade** nf swimming
un **bain** nm a bath
baisser v to lower
un **baladeur (MP3)** nm an MP3 player/walkman
le **balcon** nm balcony
un **ballon de foot** nm a football
une **banane** nf a banana
une **bande dessinée** nf a cartoon
la **banlieue** nf the suburbs
en **banlieue parisienne** in the Paris suburbs
un **barbecue** nm a barbecue
un/une **basketteur/basketteuse** nm/f a basketball player
un **bateau** nm a boat
un **bâtiment** nm a building
un **bâton de colle** nm a glue-stick
bavard/bavarde adj talkative
beau/belle adj beautiful
un **beau-père** nm a step-father
beaucoup a lot
un **bébé** nm a baby
belge adj Belgian
la **Belgique** nf Belgium
belle adj beautiful
une **belle-mère** nf a step-mother
bête adj silly
beurk! yuck!
le **beurre** nm butter
beurrer v to butter
une **bibliothèque** nf a library
bien well, good
bientôt soon
bienvenue welcome
un **billet** nm a ticket
la **biographie** nf biography
la **biologie** nf biology
un **biscuit** nm a biscuit
blanc/blanche adj white
un **blanc** nm a gap
bleu/bleue adj blue
blond/blonde adj blond
une **blouse** nf an overall
le **bœuf** nm beef
bof! so so, dunno!
boire v to drink
une **boisson** nf a drink
une **boîte** nf a box, a tin
un **bol** nm a bowl
bon/bonne adj good
Bon anniversaire! Happy birthday!
Bon appétit! Enjoy your meal!

146 cent quarante-six

Glossaire

un **bonbon** nm a sweet
bonjour hello
une **boum** nf a party
un **bout** nm a bit, an end
une **bouteille** nf a bottle
les **boutons** nm pl spots
Bravo! Well done!
le **bricolage** nm DIY
briller v to shine
brosser v to brush
le **brouillard** nm fog
un **brouillon** nm a rough copy
au brouillon in rough
un **bruit** nm a noise
brun/brune adj dark-haired
une **bûche de Noël** nf a Christmas log
une **bulle** nf a bubble
un **bureau** nm a desk, an office
le **bus** nm bus
le **but** nm the goal, the aim

C

c', ce it, that
ça it, that
Ça va? How are you?
Ça va. I'm fine.
cacher v to hide
un **cadeau** nm a present
un **cadran** nm a dial
un **café** nm a coffee, a café
un **café-tabac** nm a café (which also sells stamps)
une **cafétéria** nf a cafeteria
un **cahier** nm an exercise book
une **caisse** nf a cashdesk, a till
une **caissière** nf a cashier
une **calculatrice** nf a calculator
calme adj calm
un/une **camarade** nm/nf a school friend
la **campagne** nf the countryside
un **camping** nm a campsite
le **Canada** nm Canada
canadien/canadienne adj Canadian
un **canari** nm a canary
la **cantine** nf the canteen
le **capitaine** nm captain
la **capitale** nf the capital
un **car** nm a coach
le **caractère** nm character
un **carnaval** nm a carnival
les **Carambars** nm pl French sweets
une **carotte** nf a carrot
un **cartable** nm a schoolbag
une **carte** nf a map, a card
une carte d'identité nf an identity card
le **carton** nm cardboard

une **case** nf a square (on a game board), a hut
un **casque** nm a helmet
casse-pieds adj a nuisance
un **casse-tête** nm a brain-teaser
Ça te dit? Do you fancy it?
une **cave** a cellar
un **CD** nm a CD
ce, cet, cette this
célèbre adj famous
cent hundred
un **centime** nm a euro cent (unit of currency)
le **centre** nm the centre
un **centre aéré** nm a children's outdoor activity centre
un **centre commercial** nm an indoor shopping centre
un **centre sportif** nm a sports centre
le **centre-ville** nm the town centre
les **céréales** nf pl cereal
un **cerf-volant** nm a kite
une **cerise** nf cherry
certainement certainly
ces these
c'est it's
C'est tout? Is that all?
à **ne pas manquer** not to be missed
ce n'est pas it isn't
cet this
c'était it was
cette this
chacun/chacune each
une **chaîne** nf a TV channel
une **chaise** nf a chair
une **chambre** nf a bedroom
une **chambre d'hôte** nf a bed and breakfast
un **champ** nm a field
un **championnat** nm a championship
la **Chandeleur** nf Candlemas (festival)
une **chanson** nf a song
chanter v to sing
une **chanteuse** nf a female singer
chaque each
charmant/charmante adj charming
chasser v to hunt
un **chat** nm a cat
un **château** nm a castle
chaud/chaude adj hot
chauffé/chauffée adj heated
un **chemin** nm a path, a way
une **chemise** nf a shirt
cher/chère adj expensive, dear
chercher v to look for
chéri darling

un **cheval** nm a horse
les **cheveux** nm pl hair
chez (Juliette) at (Juliette's)
un **chien** nm a dog
un **chiffre** nm a number
la **chimie** nf chemistry
un/une **chimiste** nm/nf a chemist
la **Chine** nf China
chinois/chinoise adj Chinese
les **chips** nm pl crisps
le **chocolat** nm chocolate
les **chocos** nm pl chocolate biscuits
choisir v to choose
une **chose** nf a thing
un **chou** nm a cabbage
une **chouette** nf an owl
chouette! great!
un **chou-fleur** nm a cauliflower
une **cicatrice** nf a scar
le **ciel** nm the sky
le **cinéma** nm the cinema
cinq five
cinquante fifty
la **circulation** nf traffic
les **ciseaux** nm pl scissors
un **citron** nm a lemon
une **classe** nf a form, a class
un **classeur** nm a folder
un **clavier électronique** nm an electronic keyboard
une **clé USB** nf a memory stick
le **climat** nm the climate
le **club des jeunes** nm youth club
un **coca** nm a cola
cocher v to tick
un **cochon d'Inde** nm a guinea pig
un **cœur** nm a heart
la **coiffure** nf hairstyle, hair
un **coin** nm a corner
la **colle** nf glue
coller v to stick
le **collège** nm high school
une **colonie de vacances** nf a holiday camp (for young people)
combien how much, how many
une **comédie** nf a comedy programme/film
un **comédien** nm an actor (male)
une **comédienne** nf an actress
une **commande** nf an order
comme as, like
commencer v to start
comment how
une **commode** nf a chest of drawers
comparer v to compare
compléter v to complete
comprendre v to understand
compter v to count

Glossaire

un **concombre** nm a cucumber
un **concours** nm a competition
la **confiture** nf jam
confortable adj comfortable
connaître v to know
un **conseil** nm a piece of advice
les **conserves** nf pl tinned food
une **console** nf a games console
une **consonne** nf a consonant
content/contente adj happy
continuer v to continue
le **contraire** nm the opposite
contre against
un **copain** nm a (boy)friend
une **copine** nf a (girl)friend
le **corps** nm the body
un/une **correspondant/correspondante** nm/nf a penpal
correspondre v to correspond with, write to
corriger v to correct
à **côté de** beside
se **coucher** v to go to bed
la **couleur** nf the colour
la **Coupe du Monde** World Cup
un **couplet** nm a verse
une **cour** nf a courtyard, playground
courageux/courageuse adj brave
un **coureur** nm a runner
une **couronne** nf a crown
le **courrier** nm the mail
un **cours** nm a lesson
la **course** nf the race (track)
les **courses** nf pl the shopping
court/courte adj short
le **couscous** nm couscous
un **cousin** nm a cousin (male)
une **cousine** nf a cousin (female)
un **coussin** nm a cushion
coûter v to cost
un **crayon** nm a pencil
créer v to create
la **crème** nf cream
le **créole** nm a language formed by a mix of French with local dialects
une **crêpe** nf a pancake
une **crêperie** nf a pancake restaurant
une **crevette** nf a prawn
un **crocodile** nm a crocodile
un **croque-monsieur** nm a toasted ham and cheese sandwich
les **crottes** nf pl droppings
la **cuisine** nf the kitchen, cooking
curieux/curieuse adj curious

D

d'abord first
d'accord OK
dangereux/dangereuse adj dangerous
dans in
la **danse** nf dance
danser v to dance
la **date** nf the date
une **datte** nf a date (fruit)
de from, of
un **dé** nm a die
débarrasser la table v to clear the table
debout standing up
décembre December
déclarer v to declare
décorer v to decorate
découper v to cut out
découvrir v to discover
décrire v to describe
un **défaut** nm a fault
la **défense** nf defence
déjà already
le **déjeuner** nm lunch
délicieux/délicieuse adj delicious
demain tomorrow
demander v to ask
un **demi** nm half
un **demi-frère** nm a half-brother, a step-brother
une **demi-sœur** nf a half-sister, a step-sister
un/une **dentiste** nm/nf a dentist
les **dents** nf pl teeth
le **départ** nm the start
un **département français** nm a French 'county'
se **déplacer** v to move around
un **dépliant** nm a leaflet
depuis since
dernier/dernière adj last
derrière behind
désiré/désirée adj desired
désirer v to wish for, desire
désolé/désolée adj sorry
le **désordre** nm mess
un **dessert** nm a dessert
le **dessin** nm art
un **dessin** nm a drawing
un **dessin animé** nm a cartoon
dessiner v to draw
détester v to hate
deux two
le **deux mars** the second of March
deuxième adj second

devant in front of
deviner v to guess
les **devoirs** nm pl homework
un **dictionnaire** nm a dictionary
difficile adj difficult
dimanche Sunday
une **dinde** nf a turkey
le **dîner** nm dinner
dire v to say
en **direct** live
discuter v to discuss
divorcé/divorcée adj divorced
dix ten
le **docteur** nm doctor
un **documentaire** nm a documentary
le **doigt** nm finger
le **domicile** nm home
dommage pity
donner v to give
dormir v to sleep
une **douche** nf a shower
se **doucher** v to have a shower
douze twelve
le **droit** nm the right
le **drapeau** nm flag
drôle adj funny
dur/dure adj hard
dynamique adj dynamic

E

l' **eau** nf water
l'**eau minérale** nf mineral water
un **échange** nm an exchange
échanger v to swap
échauffer v to warm up
les **échecs** nm pl chess
une **école** nf a school
l'**école maternelle** nf nursery school
l'**école primaire** nf primary school
écolo adj environmentally-friendly
écossais/écossaise adj Scottish
l' **Écosse** nf Scotland
écouter v to listen
un **écran** nm a screen
écrire v to write
l' **écriture** nf (hand)writing
efficace adj efficient
une **église** nf a church
égoïste adj selfish
électrique adj electric
un **éléphant** nm an elephant
un/une **élève** nm/nf a pupil
elle she, it
un **email** nm an email
Je t' **embrasse** With love (to end a letter)

Glossaire

une émission *nf* a programme
une émission de télé réalité *nf* a reality TV programme
une émission musicale *nf* a music programme
une émission sportive *nf* a sports programme
l' empereur *nm* emperor
un emploi *nm* a job
un emploi du temps *nm* a timetable
   emprunter *v* to borrow
   en in
   encore again, more
un endroit *nm* a place
un enfant *nm* a child
   enfin at last
l' ennui *nm* boredom
   ennuyeux/ennuyeuse *adj* boring
   énorme *adj* enormous
une enquête *nf* a survey
   enregistrer *v* to record
   ensemble together
   ensuite then
   entendre *v* to hear
   entêté/entêtée *adj* stubborn
l' entraînement *nm* training
un/une entraîneur/entraîneuse *nm/f* a coach (sport)
   entre between
une entrée *nf* a starter, a hallway
   j'ai envie de I feel like
   environ about, approximately
   épeler *v* to spell
un épicier *nm* a grocer
les épinards *nm pl* spinach
l' EPS = l' éducation physique et sportive *nf* PE/games
une équipe *nf* a team
   bien équipé well equipped
l' équitation *nf* horse riding
une erreur *nf* a mistake
   tu es you are
l' escalade *nf* mountain climbing
un escargot *nm* a snail
l' espace *nf or nm* space
l' Espagne *nf* Spain
   espagnol/espagnole *adj* Spanish
l' espagnol *nm* Spanish
   espérer *v* to hope, to wish
l' essence *nf* petrol
il/elle/on est he/she/it is, we are
l' est *nm* the east
   et and
   Et toi? How about you?
un étage *nm* a storey, a floor
une étagère *nf* a shelf
   il était he/it was
les États-Unis *nm pl* the United States

l' été *nm* summer
vous êtes you are
une étoile *nf* a star
   étranger, étrangère *adj* foreign
   être *v* to be
les études *nf pl* studies
un étudiant *nm* a student (male)
une étudiante *nf* a student (female)
   euh erm (used for hesitation)
un euro *nm* a euro (unit of currency)
l' Europe *nf* Europe
   éviter *v* to miss/avoid
   excusez-moi excuse me
un exemple *nm* an example
   exister *v* to exist
une explication *nf* an explanation
   expliquer *v* to explain
une exposition *nf* an exhibition
une expression-clé *nf* a key expression
un extrait *nm* an extract
   extraordinaire *adj* extraordinary

F

   fabriquer *v* to make
en face de opposite
   facile *adj* easy
la faim *nf* hunger
   j'ai faim I'm hungry
   faire *v* to make, to do
   faire la cuisine *v* to do the cooking
   faire la vaisselle *v* to do the washing up
   faire le ménage *v* to do the housework
   faire mon lit *v* to make my bed
je/tu fais I/you make, do
nous faisons we make, do
il/elle/on fait he/she/it makes/does, we make/do
en fait in fact
vous faites you make, do
   familial/familiale *adj* family
une famille *nf* a family
un/une fan *nm/nf* a fan
un fantôme *nm* a ghost
la farine *nf* flour
le fast-food *nm* fast food restaurant
   fatigant/fatigante *adj* tiring
il faut you have to, you ought to
   faux/fausse *adj* false, wrong
   favori/favorite *adj* favourite
   félicitations! congratulations!
   féminin/féminine *adj* feminine
une fenêtre *nf* a window
une ferme *nf* a farm
   fermé/fermée *adj* shut, closed

   fermer *v* to close
une fête *nf* a party, a festival
   fêter *v* to celebrate
une feuille *nf* a sheet of paper, a leaf
un feuilleton *nm* a soap opera
un feutre *nm* a felt-tip pen
les feux *nm pl* traffic lights
une fève *nf* a bean, a charm
   février February
une fiche *nf* a form
   fidèle *adj* faithful
un filet *nm* a net
une fille *nf* a girl, a daughter
   fille unique *nf* an only child (girl)
un film *nm* a film
les films de guerre *nm pl* war films
   les films d'action *nm pl* action films
   les films de science-fiction *nm pl* science fiction films
un fils *nm* a son
   fils unique *nm* an only child (boy)
la fin *nf* the end
   finalement finally
   fini/finie *adj* finished
   finir *v* to finish
une fleur *nf* a flower
un/une fleuriste *nm/nf* a florist
la FNAC *nf* name of a chain of shops that sells DVDs, CDs, books, etc.
à fond really loud
   mettre ma musique à fond to turn my music up loud
ils/elles font they make, do
le foot(ball) *nm* football
le footballeur *nm* footballer
en forme *adj* healthy
   formidable *adj* great, fantastic
   fort/forte *adj* strong
   fou/folle *adj* mad
un four *nm* an oven
un foyer *nm* a home
   frais/fraîche *adj* fresh
une fraise *nf* a strawberry
le français *nm* French
   français/française *adj* French
   francophone *adj* French-speaking
un frère *nm* a brother
un frigo *nm* a fridge
   frisé/frisée *adj* curly
des frites *nf pl* chips
   froid/froide *adj* cold
le fromage *nm* cheese
le front *nm* forehead
un fruit *nm* a fruit
les fruits de mer *nm pl* seafood

Glossaire

G

gagner *v* to win, to earn
une galerie *nf* a gallery
une galette *nf* a cake, a pancake
la galette des Rois *nf* special cake eaten on 6 January
gallois/galloise *adj* Welsh
un garçon *nm* a boy
garder des enfants *v* to look after children
une gare SNCF *nf* a railway station
un gâteau *nm* a cake
gazeux/gazeuse *adj* fizzy
une boisson gazeuse a fizzy drink
geler *v* to freeze
en général in general
le général *nm* general
généralement generally
généreux/généreuse *adj* generous
génial/géniale *adj* great, fantastic
des gens *nm pl* people
gentil/gentille *adj* nice, kind
la géographie *nf* geography
un geste *nm* a gesture, a movement
un gîte *nm* holiday cottage
une glace *nf* an ice cream
un glossaire *nm* a glossary
une gomme *nf* a rubber
un goûter *nm* an afternoon snack
un gouvernement *nm* a government
la grammaire *nf* grammar
un gramme *nm* a gram
grand/grande *adj* big, tall
la Grande-Bretagne *nf* Great Britain
une grand-mère *nf* a grandmother
un grand-père *nm* a grandfather
les grands-parents *nm pl* grandparents
gras/grasse *adj* fatty, greasy
en gras in bold
gratuit/gratuite *adj* free
une grille *nf* a grid
grillé/grillée *adj* grilled, toasted
gris/grise *adj* grey
gros/grosse *adj* plump, fat
une guitare *nf* a guitar
la gym *nf* gymnastics, exercises
le gymnase *nm* gymnasium

H

s' habiller *v* to get dressed
un habitant *nm* an inhabitant
habiter *v* to live
un hamburger *nm* a hamburger
un hamster *nm* a hamster
le hand-ball *nm* handball
haut/haute *adj* high, tall
à haute voix aloud
un héros *nm* a hero
hésiter *v* to hesitate
une heure *nf* an hour
à deux heures at two o'clock
heureux/heureuse *adj* happy
un hibou *nm* an owl
hier yesterday
le hindi *nm* Hindi
l' histoire *nf* history
l' hiver *nm* winter
la honte *nf* shame
un hôpital *nm* a hospital
j'ai horreur de... I hate...
horrible *adj* terrible, awful
un hot-dog *nm* a hot dog
un hôtel *nm* a hotel
l' huile d'olive *nf* olive oil
huit eight
une huître *nf* an oyster
une humeur *nf* a mood, humour
hystérique *adj* hysterical

I

ici here
idéal/idéale *adj* ideal
une idée *nf* an idea
identifier *v* to identify
une identité *nf* an identity
il he, it
une île *nf* an island
illustré/illustrée *adj* illustrated
il n'y a pas de/d' there isn't/there aren't
ils they
il y a there is/there are
il y a en a trop there are too many
une image *nf* a picture
imaginer *v* to imagine
un imbécile *nm* an imbecile, a fool
imiter *v* to imitate, copy
un immeuble *nm* a block of flats
incroyable *adj* unbelievable
indiquer *v* to show
un infinitif *nm* an infinitive
les informations *nf pl* information, the news
l' informatique *nf* computing, ICT
les infos *nf pl* the news
intelligent/intelligente *adj* intelligent
intéressant/intéressante *adj* interesting
l' Internet *nm* the Internet
interrogatif/interrogative *adj* interrogative, question
interviewer *v* to interview
l' intrus *nm* the odd-one-out
une invitation *nf* an invitation
un/une invité/invitée *nm/nf* a guest, a visitor
inviter *v* to invite
l' Irlande *nf* Ireland
irlandais/irlandaise *adj* Irish
irrégulier/irrégulière *adj* irregular
l' Italie *nf* Italy
italien/italienne *adj* Italian
l' italien *nm* Italian

J

j' I
j'ai I have
j'ai très hâte I can't wait
jamais never
la jambe *nf* leg
le jambon *nm* ham
janvier January
le japonais *nm* Japanese
un jardin *nm* a garden
le jardinage *nm* gardening
jaune *adj* yellow
je I
un jean *nm* a pair of jeans
une jetée *nf* a pier, a jetty
jeter *v* to throw
un jeton *nm* a counter
un jeu *nm* a game
le jeu du morpion *nm* noughts and crosses
le jeu de sept familles *nm* happy families
un jeu de société *nm* a board game
un jeu télévisé *nm* a TV gameshow
jeudi Thursday
jeune *adj* young
un/une jeune *nm/nf* a young person
les jeux vidéo *nm pl* video games
joli/jolie *adj* pretty
jouer *v* to play
un jouet *nm* a toy
le/la joueur/joueuse *nm/f* player
un jour *nm* a day
tous les jours every day
le jour des Rois *nm* Epiphany
une journée *nf* a day
le judo *nm* judo
juillet July
juin June

150 cent cinquante

Glossaire

un **jumeau** nm a twin (boy)
un **jus** nm a juice
   un **jus d'orange** nm an orange juice
   jusqu'à until
   juste fair, just

K

le **kayak** nm kayaking, canoeing
un **kilo** nm a kilo
un **kilomètre** nm a kilometre
un **kiwi** nm a kiwi fruit

L

l' the
la **la** the
là there
là-bas over there
un **lac** nm a lake
le **lait** nm milk
une **lampe** nf a lamp
lancer v to throw
une **langue** nf a language
un **lapin** nm a rabbit
laquelle nf which
(se) **laver** v to wash (yourself)
le the
la **leçon** nf lesson
un **lecteur** nm a reader (male)
un **lecteur DVD** nm a DVD player
une **lectrice** nf a reader (female)
la **lecture** nf reading
la **légende** nf the key (to a map)
les **légumes** nm pl vegetables
les **lentilles** nf pl lentils
lequel m which
les the
une **lettre** nf a letter
leur their
lever v to lift, raise
se **lever** v to get up
une **limonade** nf a lemonade
lire v to read
une **liste** nf a list
une **liste d'achats** nf a shopping list
un **lit** nm a bed
un **litre** nm a litre
un **livre** nm a book
loger v to stay
loin far
les **loisirs** nm pl leisure
Londres London
long/longue adj long
lourd/lourde adj heavy
lui him

lundi Monday
la **lune** nf the moon
des **lunettes** nf pl glasses
le **lycée** nm sixth form college

M

ma my
une **machine à karaoké** nf a karaoke machine
les **mâchoires** nf pl jaws
madame Mrs, madam
mademoiselle Miss
un **magasin** nm a shop
un **magazine** nm a magazine
la **magie** nf magic
mai May
mais but
une **maison** nf a house
   à la maison at home
une **majorité** nf a majority
mal badly
   ça va mal things aren't going very well, I don't feel well
j'ai **mal (aux dents)** I've got (tooth) ache
malade ill
la **malédiction** nf curse
maman nf mum, mummy
mamie nf granny
la **Manche** the English Channel
manger v to eat
un **mannequin** nm a model
manquer v to miss
le **maquillage** nm make up
un **marché** nm a market
mardi Tuesday
le **Mardi Gras** nm Shrove Tuesday
marin adj of the sea
marquer un but/un panier to score a goal/a basket
marrant/marrante adj funny
marron adj brown
mars March
masculin/masculine adj masculine
un **masque** nm a mask
un **match** nm a match
un **match de foot** nm a football match
les **mathématiques/maths** nf pl maths
une **matière** nf a subject
le **matin** nm morning
mauvais/mauvaise adj bad
   il fait mauvais the weather's dull
la **mayonnaise** nf mayonnaise
méchant/méchante adj naughty, evil

méfiant/méfiante adj suspicious
meilleur/meilleure adj best
mélanger v to mix
la **mêlée** nf scrum (rugby)
un **membre** nm a member
même same, even
la **mémoire** nf memory
mémoriser v to memorise, learn by heart
menacé adj threatened
mentionné/mentionnée adj mentioned
la **mer** nf the sea
merci thank you
mercredi Wednesday
une **mère** nf a mother
mes my
la **messe** nf Mass
la **météo** nf weather forecast
un **métier** nm a job
mettre v to put
mettre le couvert v to set the table
un **meuble** nm an item of furniture
miam! miam! yum!
le **midi** midday, lunchtime
le **miel** nm honey
mieux adv better
un **milk-shake** nm a milkshake
un **mime** nm a mime
mince adj thin, slim
le **mini-golf** nm miniature golf
mignon/mignonne adj cute
le **ministère** nm ministry
minuit midnight
un **miroir** nm a mirror
la **mobylette** nf moped
un **modèle** nm a model
moderne adj modern
moi me
moi aussi me too
moi non plus me neither
moins less
au moins at least
moins que less than
un **mois** nm a month
en ce **moment** at the moment
mon my
le **monde** nm the world
tout le monde everybody
un/une **moniteur/monitrice** nm/f a youth leader
monsieur Mr, sir
à la **montagne** in the mountains
monter v **la tente** to put up the tent
une **montre** nf a watch

cent cinquante-et-un 151

Glossaire

montrer *v* to show
la moquette *nf* carpet
un morceau *nm* a piece
mort/morte *adj* dead
un mot *nm* a word
un mot apparenté *nm* a cognate
un mot-clé *nm* a key word
les moules marinière *nf pl* mussels cooked in white wine
un mouton *nm* a sheep
le moyen *nm* the means
moyen/moyenne *adj* average
un mur *nm* a wall
la musculation *nf* body-building
un musée *nm* a museum
la musique *nf* music

N

la naissance *nf* birth
la natation *nf* swimming
la nationalité *nf* nationality
la nature *nf* nature
né/née *adj* born
négatif/négative *adj* negative
la neige *nf* snow
il neige it's snowing
neuf nine
un nez *nm* a nose
le Noël *nm* Christmas
noir/noire *adj* black
un nom *nm* a name, noun
un nombre *nm* a number
nombreux/nombreuse *adj* numerous, many
nommer *v* to name
non no
le nord *nm* the north
le nord-est *nm* the north-east
le nord-ouest *nm* the north-west
normalement normally
nos our
noter *v* to note
nous we, us
nouveau/nouvelle *adj* new
une nouveauté *nf* a novelty/new thing
novembre November
nul nil
c'est nul it's rubbish
des nuages *nm pl* clouds
un numéro *nm* a number, an edition (of a magazine)
numéroter *v* to number

O

un objet *nm* an object
observer *v* to observe
occupée *adj* busy
s' occuper de *v* to look after
octobre October
un œil *nm* an eye
un œuf *nm* an egg
un office du tourisme *nm* a tourist office
officiel/officielle *adj* official
une offre *nf* an offer
offrir *v* to offer, give as a present
un oiseau *nm* a bird
une omelette *nf* an omelette
on we, they, one
un oncle *nm* an uncle
ils/elles ont they have
onze eleven
une opinion *nf* an opinion
optimiste *adj* optimistic
un orage *nm* a storm
une orange *nf* an orange
un ordinateur *nm* a computer
un ordre *nm* an order
dans le bon ordre in the right order
les ordures *nf pl* rubbish
organiser *v* to organise
un orphelin *nm* an orphan
l' orthographe *nf* spelling
ou or
où where
Ouah! Wow!
l' ouest *nm* the west
oui yes
un ouragan *nm* a hurricane
ouvert/ouverte *adj* open
ouvrir *v* to open

P

la page *nf* page
le pain *nm* bread
une paire *nf* a pair
un pamplemousse *nm* a grapefruit
un panier *nm* a basket
la panique *nf* panic
paniquer *v* to panic
le papier *nm* paper
Pâques *nm pl* Easter
un paquet *nm* a packet
par by
un paragraphe *nm* a paragraph
un parc *nm* a park

parce que because
pardon sorry
les parents *nm pl* parents
paresseux/paresseuse *adj* lazy
parfois sometimes
un parfum *nm* a perfume, flavour
le parking *nm* car park
le parlement *nm* parliament
parler *v* to talk
parmi among
une part *nf* a portion, slice
partager *v* to share
un/une partenaire *nm/nf* a partner
participer *v* to take part
partir *v* to leave
partout everywhere
pas not
pas moi not me
passer *v* to spend time
passer l'aspirateur *v* to do the vacuuming
un passe-temps *nm* a hobby
une passion *nf* a hobby
le pâté *nm* pâté
patient/patiente *adj* patient
le patin à roulettes *nm* roller-skateing
le patinage *nm* ice-skating
une patinoire *nf* an ice rink
pauvre *adj* poor
un pays *nm* a country
le pays de Galles *nm* Wales
la pêche *nf* fishing
une peinture *nf* a painting
pendant during
une pendule *nf* a clock
pénible *adj* awful
penser *v* to think
perdre *v* to lose
perdre de vue to lose sight of
perdu/perdue *adj* lost
un père *nm* a father
un perroquet *nm* a parrot
une perruche *nf* a budgerigar
un personnage *nm* a character
la personnalité *nf* personality
une personne-mystère *nf* a mystery person
la pétanque *nf* type of bowls game
petit/petite *adj* small
une petite amie *nf* girlfriend
le petit déjeuner *nm* breakfast
des petits pois *nm pl* peas
un peu a little
il/elle/on peut he/she/it/we can
ils/elles peuvent they can
je/tu peux I/you can

Glossaire

une **pharmacie** *nf* a chemist's
une **photo** *nf* a photograph
une **phrase** *nf* a sentence
la **physique** *nf* physics
physiquement physically
une **pièce** *nf* a room, a coin
un **pied** *nm* a foot
le **ping-pong** *nm* table tennis
un **pique-nique** *nm* a picnic
pire *adv* worse
le/la **pire** the worst
une **piscine** *nf* a swimming pool
la **pizza** *nf* pizza
une **pizzeria** *nf* a pizzeria
une **plage** *nf* a beach
plaît: s'il te/vous plaît please
un **plan** *nm* a map
la **planche à voile** *nf* windsurfing
le **plancher** *nm* floor
le **plat** *nm* a dish, a plate
plein/pleine *adj* full
en plein air outdoors
il **pleut** it's raining
plier *v* to bend
la **plongée** *nf* diving
pluriel/plurielle *adj* plural
plus more
plusieurs several
plus que more than
un **poème** *nm* a poem
le **poil** *nm* hair (on an animal)
un **poisson** *nm* a fish
le **poivre** *nm* pepper
poli/polie *adj* polite
la **police** *nf* the police
un **policier** *nm* a detective film, a police officer
poliment politely
une **pomme** *nf* an apple
le **porc** *nm* pork
un **port** *nm* a harbour, a port
un **portable** *nm* a mobile phone
une **porte** *nf* a door
porter *v* to wear
poser *v* to put
positif/positive *adj* positive
la **poste** *nf* the post office
un **poster** *nm* a poster
une **poule** *nf* a chicken
le **poulet** *nm* chicken meat
une **poupée** *nf* a doll
pour for
pourquoi why
la **poursuite** *nf* pursuit
pratique *adj* practical
préféré/préférée *adj* favourite
la **préférence** *nf* preference

préférer *v* to prefer
un **préfet** *nm* a prefect
premier/première *adj* first
prendre *v* to take
les **préparatifs** *nm pl* preparations
préparer *v* to prepare
près de near
un/une **présentateur/présentatrice** *nm/f* a TV presenter
présenter *v* to present
presque nearly
le **printemps** *nm* spring
un **prix** *nm* a price, a prize
un **problème** *nm* a problem
prochain/prochaine *adj* next
proche close, near
un/une **prof** *nm/nf* a teacher
un **professeur** *nm* a teacher
un **projet** *nm* a project
une **promenade** *nf* a walk
prononcer *v* to pronounce
la **prononciation** *nf* pronunciation
propre *adj* clean
la **prudence** *nf* prudence, cautiousness
publicitaire advertising
une **publicité** *nf* an advertisement
puis then
la **purée** *nf* mashed potato

Q

le **quai** *nm* platform
la **qualité** *nf* quality
quand when
une **quantité** *nf* a quantity
quarante forty
un **quart** *nm* a quarter
un **quartier** *nm* an area
quatorze fourteen
quatre four
quatre-vingts eighty
quatre-vingt-deux eighty-two
quatre-vingt-dix ninety
que that, what, which
québécois/québécoise *adj* from Quebec
quel/quelle which
quelque chose something
quelquefois sometimes
quelques some, a few
quelqu'un somebody
qu'est-ce que what
une **question** *nf* a question
qui who
quinze fifteen
quitter *v* to leave

quoi what
quotidien/quotidienne *adj* daily

R

le **racisme** *nm* racism
raconter *v* to tell
la **radio** *nf* radio
le **rafting** *nm* white-water rafting
raide *adj* straight
raisonnable *adj* reasonable
la **randonnée** *nf* hiking
ranger *v* to tidy, put away
râpé/râpée *adj* grated
un **rappel** *nm* a reminder
rapper *v* to rap
rassurer *v* to reassure
un **rat** *nm* a rat
la **réception** *nf* reception
se **réchauffer** *v* to warm up
rechercher *v* to look for
recopier *v* to copy out
un **record** *nm* a record
la **récréation** *nf* breaktime
reculer *v* to move back
la **rédaction** *nf* the editorial team
une **rédaction** *nf* an essay
réécouter *v* to listen again
un **refrain** *nm* a chorus
regarder *v* to look, watch
un **régime** *nm* a diet
une **région** *nf* an area, a region
une **règle** *nf* a ruler, a rule
régulier/régulière *adj* regular
une **reine** *nf* a queen
relaxer *v* to relax
relier *v* to join
la **religion** *nf* religion, RE
relis reread
remets put back
remplir *v* to fill in
un **renard** *nm* a fox
une **rencontre** *nf* a meeting, an encounter
un **rendez-vous** *nm* a meeting, a date
les **renseignements** *nm pl* information
la **rentrée** *nf* first day back at school (September)
rentrer *v* to return
un **repas** *nm* a meal
répéter *v* to repeat
répondre *v* to answer, to reply
une **réponse** *nf* an answer
un **reportage** *nm* a report
reposant/reposante *adj* restful
respirer *v* to breathe

cent cinquante-trois 153

Glossaire

ressembler à *v* to look like
un restaurant *nm* a restaurant
rester *v* to stay
un résultat *nm* a result
en retard late
retrouver *v* to meet
une réunion *nf* a meeting
un rêve *nm* a dream
se réveiller *v* to wake up
rêveur/rêveuse *adj* dreamy
réviser *v* to revise
au revoir goodbye
revoir *v* to see again
le rez-de-chaussée *nm* ground floor
des rideaux *nm pl* curtains
(ne...) rien nothing
rigolo *adj* funny
le riz *nm* rice
un roi *nm* a king
rond/ronde *adj* round
rose *adj* pink
un rôti *nm* a roast
rouge *adj* red
rougir *v* to blush
une route *nf* a road, route
roux/rousse *adj* red-haired
une rue *nf* a street
le rugby *nm* rugby

S

sa his, her
un sac *nm* a bag
un sac à dos *nm* a rucksack
la Saint-Valentin *nf* Valentine's Day
je/tu sais I/you know
une saison *nf* a season
il/elle/on sait he/she it knows, we know
une salade *nf* a salad, a lettuce
une salle *nf* a room
une salle à manger *nf* a dining room
une salle de bains *nf* a bathroom
un salon *nm* a living room
saluer *v* to greet
salut hello
samedi Saturday
un sandwich *nm* a sandwich
un sandwich au fromage *nm* a cheese sandwich
un sandwich au jambon *nm* a ham sandwich
sans without
s'appeler *v* to be called
sauf except
le saumon *nm* salmon
sauter *v* to jump
les sciences *nf pl* science

scolaire *adj* school
une séance *nf* a performance, a meeting
secouer *v* to shake
le secours *nm* help, aid
Au secours! Help!
sec/sèche *adj* dry
seize sixteen
un séjour *nm* a living room, a stay
le sel *nm* salt
une semaine *nf* a week
le Sénégal *nm* Senegal
sénégalais/sénégalaise *adj* Senegalese
sept seven
septembre September
une série *nf* a series
sérieux/sérieuse *adj* serious
un serpent *nm* a snake
ses his, her
seulement only
si if
un siècle *nm* a century
un signe particulier *nm* a feature
silencieux/silencieuse *adj* silent
simple *adj* simple
singulier/singulière *adj* singular
un site web *nm* a website
six six
sixième *adj* sixth
le skate *nm* skateboarding, skateboard
le ski *nm* skiing
snob posh
une sœur *nf* a sister
la soif *nf* thirst
j'ai soif I'm thirsty
un soir *nm* an evening
une soirée *nf* an evening
soixante sixty
soixante-dix seventy
le soleil *nm* the sun
sombre *adj* dark
nous sommes we are
son his, her
un sondage *nm* a survey
ils/elles sont they are
une sortie *nf* an outing, an exit
sortir *v* to go out
souligné/soulignée *adj* underlined
une soupe *nf* a soup
une souris *nf* a mouse
sous under
le sous-sol *nm* basement
souvent often
les spaghetti *nm pl* spaghetti

spécial/spéciale *adj* special
la spécialité *nf* speciality
un spectacle *nm* a show
un/une spectateur/spectatrice *nm/f* a spectator
le sport *nm* sport
sportif/sportive *adj* sporty
un stade *nm* a stadium
un/une stagiaire *nm/f* a trainee
une star *nf* a star, a celebrity
un steak-frites *nm* steak and chips
studieux/studieuse *adj* studious
un stylo *nm* a pen
le sucre *nm* sugar
le sucre en poudre *nm* caster sugar
sucré/sucrée *adj* sweet
le sud *nm* the south
le sud-est *nm* the south-east
le sud-ouest *nm* the south-west
je suis I am
la Suisse *nf* Switzerland
suisse *adj* Swiss
suivant/suivante *adj* following
à suivre to be continued
un sujet *nm* a subject
super great
un supermarché *nm* a supermarket
sur on
sûr/sûre *adj* sure, certain
surfer *v* to surf
surtout especially
un/une surveillant/surveillante *nm/f* an invigilator, a superviser (in a school)
sympa *adj* kind, nice
un symptôme *nm* a symptom

T

ta your
une table *nf* a table
un tableau *nm* a board, a picture
une table de chevet *nf* a bedside table
un tableau blanc *nm* a whiteboard
une tâche *nf* a task
une tache de rousseur *nf* a freckle
la taille *nf* size
un taille-crayon *nm* a pencil sharpener
un tambour *nm* a drum
une tante *nf* an aunt
un tapis *nm* a rug
tard *adv* late
une tarte *nf* a tart, a pie
une tartine *nf* a slice of bread and butter
une tasse *nf* a cup

cent cinquante-quatre

	tâter	v	to feel
le	taxi	nm	taxi
la	technologie	nf	technology, D&T
	télécharger	v	to download
la	télé numérique	nf	digital TV
le	téléphone	nm	the telephone
la	télé(vision)	nf	TV, television
	à la télévision		on television
le	temps	nm	the weather, time
le	temps libre	nm	free time
le	tennis	nm	tennis
les	tennis	nm pl	trainers
	tendre	adj	tender
	terminer	v	to finish, to end
le	terrain	nm	pitch
par	terre		on the ground
la	terreur	nf	terror
	terrifiant/terrifiante	adj	terrifying
	tes		your
le	test de mémoire	nm	memory test
	têtu/têtue	adj	stubborn
un	texte	nm	a text
le	TGV	nm	French high-speed train
un	thé	nm	a cup of tea
un	théâtre	nm	a theatre
le	thon	nm	tuna
un	ticket de loterie	nm	a lottery ticket
	timide	adj	shy
un	titre	nm	a title
	toi		you
les	toilettes	nf pl	the toilets
une	tomate	nf	a tomato
	tomber	v	to fall
	ton		your
	toucher	v	to touch
	toujours		always
un	tour	nm	a trip
une	tour	nf	a tower
à	tour de rôle		in turn
un	touriste	nm	a tourist
	touristique	adj	for tourists
	tourner	v	to turn
	tous		all
	tout/toute		all
une	traduction	nf	a translation
le	train	nm	train
une	tranche	nf	a slice
le	travail	nm	work
	travailler	v	to work
	travailleur/travailleuse	adj	hard-working
	traverser	v	to cross
	treize		thirteen
	trembler	v	to tremble
	trente		thirty
	très		very
	triste	adj	sad
	trois		three
le	trois mai		the third of May
	troisième	adj	third
	trop		too
une	trousse	nf	a pencil-case
	trouver	v	to find
le	truc	nm	thing
la	truite	nf	trout
	tu		you (to a friend or close relative)
	typique	adj	typical

U

	un/une		a, an, one
une	unité	nf	a unit
l'	univers	nm	the universe
une	usine	nf	a factory
	utiliser	v	to use

V

il/elle/on	va		he/she/it goes, we go
les	vacances	nf pl	holidays
je	vais		I go
la	vanille	nf	vanilla
tu	vas		you go
une	vedette	nf	a star
un	vélo	nm	a bike
le	vélo	nm	cycling
	vendredi		Friday
	venir	v	to come
le	vent	nm	wind
la	vente	nf	sale
un	verbe	nm	a verb
	vérifier	v	to check
un	verre	nm	a glass
	vert/verte	adj	green
les	vêtements	nm pl	clothes
il/elle/on	veut		he/she/it wants, we want
je	veux		I want
la	viande	nf	meat
une	vidéo	nf	a video
Je	viens de...		I come from...
	vieux/vieille	adj	old
un	village	nm	a village
une	ville	nf	a town
	en ville		in town, into town
le	vin	nm	wine
	vingt		twenty
	violent/violente	adj	violent
une	visite	nf	a visit
	visiter	v	to visit
	vite		quick
	vivre	v	to live
le	vocabulaire	nm	vocabulary
	voici		here is, are
	voilà		there is, are
la	voile	nf	sailing
	voir	v	to see
un/une	voisin/voisine	nm/nf	a neighbour
une	voiture	nf	a car
une	voix	nf	a voice
	à haute voix		aloud
	vomir	v	to be sick
ils/elles	vont		they go
	vos		your
	votre		your
je/tu	voudrais		I/you would like
il/elle/on	voudrait		he/she/it we would like
	vous		you (to an adult you don't know well, or to more than one person)
un	voyage	nm	a journey
une	voyelle	nf	a vowel
	vrai/vraie	adj	true
	vraiment		really

W

le	week-end	nm	the weekend
un	western	nm	a western

Y

un	yaourt	nm	a yoghurt
les	yeux	nm pl	eyes

cent cinquante-cinq 155

A

a un/une
advert une pub(licité) nf
a little bit un peu
afternoon l'après-midi nm
afternoon tea le goûter nm
Algeria l'Algérie nf
Algerian algérien/algérienne adj
also aussi
always toujours
I **am** je suis
I **am (11).** J'ai (11) ans.
and et
animal(s) un animal (les animaux) nm
apple une pomme nf
April avril
Are there...? Il y a...?
you **are** tu es *(to a friend or relative)*, vous êtes *(to more than one person, someone you don't know)*
art le dessin nm
at à
at the weekends le week-end
athletics l'athlétisme nm
August août
aunt la tante nf
autumn l'automne nm

B

bag le sac nm
balcony le balcon nm
basement le sous-sol nm
bathroom la salle de bains nf
to **be** être v
beach la plage nf
because parce que
bed le lit nm
bedroom la chambre nf
bedside table une table de chevet nf
behind derrière
the **best** la meilleure f
the **best** le meilleure m
better mieux adj
between... (and...) entre... (et...)
big grand/grande adj
biology la biologie nf
birthday l'anniversaire nm
biscuit un biscuit nm
a little **bit** un peu
black noir/noire adj
block of flats un immeuble nm
blond blond/blonde adj
blue bleu/bleue adj
book le livre nm
bookshelf l'étagère nf
boring pas marrant, ennuyeux/ennuyeuse adj
bottle une bouteille nf
brave courageux/courageuse adj
breaktime la récréation nf
brother un frère nm
brown brun/brune *(hair)* adj, marron *(eyes)* adj
budgie une perruche nf
bus le bus nm
busy occupé adj
but mais
butter le beurre nm

C

café le café nm
cafeteria une cafétéria nf
cake le gâteau nm
calculator la calculatrice nf
I am **called** je m'appelle
you are **called** tu t'appelles
Canada le Canada nm
carpet la moquette nf
carrots les carottes nf pl
cartoon un dessin animé nm
cat un chat nm
cellar la cave nf
centre le centre nm
chair la chaise nf
cheese le fromage nm
chemist's une pharmacie nf
chemistry la chimie nf
cherry une cerise nf
chest of drawers la commode nf
chicken le poulet nm
church l'église nf
cinema le cinéma nm
It is **cloudy.** Il fait gris./Il y a des nuages.
to **clear the table** débarrasser v la table
climbing l'escalade nf
coach (sport) l'entraîneur/entraîneuse nm/f
coffee le café nm
coke le coca nm
It is **cold.** Il fait froid.
colour la couleur nf
comedy programme/film une comédie nf
computer l'ordinateur nm
country le pays nm
cousin (boy) le cousin nm
cousin (girl) la cousine nf
crisps les chips nm pl
cucumber le concombre nm
curly frisé/frisée adj
curtains les rideaux nm pl
cushion le coussin nm
cute mignon/mignonne adj
cycling le vélo nm
to go **cycling** faire v du vélo

D

dancing la danse nf
December décembre
desk le bureau nm
detective film un film policier nm
dictionary le dictionnaire nm
difficult difficile adj
digital camera un appareil photo numérique nm
dining room la salle à manger nf
dinner le dîner nm
diving la plongée nf
to **do** faire v
to **do the cooking** faire v la cuisine
to **do the housework** faire v le ménage
to **do the vacuuming** passer v l'aspirateur
to **do the washing up** faire v la vaisselle
Do you have ...? Tu as ...? *(to a friend or relative)*, Vous avez...? *(to more than one person, someone you don't know well)*
documentary un documentaire nm
dog le chien nm
drama l'art dramatique nm
to **drink** boire v

E

east l'est nm
to **eat** manger v
eggs les œufs nm pl
eight huit
eighteen dix-huit
eighty quatre-vingts
electronic keyboard un clavier électronique nm
eleven onze
England l'Angleterre nf
essay une rédaction nf
English anglais/anglaise adj
(in the) **evening** le soir nm
except sauf
exercise book le cahier nm
eyes les yeux nm pl

F

factory une usine *nf*
false faux/fausse *adj*
farm une ferme *nf*
father le père *nm*
fast-food restaurant le fast food *nm*
favourite préféré/préférée
February février
felt-tip pen le feutre *nm*
fifteen quinze
fifty cinquante
file un classeur *nm*
to finish finir *v*
first le premier *nm*/la première *nf*
on the first floor au premier étage
fish le poisson *nm*
fishing la pêche *nf*
five cinq
flag le drapeau *nm*
flat un appartement *nm*
floor le plancher *nm*
It is foggy. Il y a du brouillard.
football le foot(ball) *nm*
for pour
foreign étranger/étrangère *adj*
forty quarante
four quatre
fourteen quatorze
France la France *nf*
It is freezing. Il gèle.
French français/française *adj*
(on) Friday (le) vendredi
friend (male) un ami, un copain *nm*
friend (female) une amie, une copine *nf*
friends les amis, les copains *nm pl*
in front of devant
fun amusant/amusante *adj*
funny marrant/marrante *adj*

G

games console une console *nf*
garage un garage *nm*
garden le jardin *nm*
generally généralement; en général
generous généreux/généreuse *adj*
geography la géographie *nf*
German l'allemand *nm*
to get dressed s'habiller *v*
ginger(-haired) roux/rousse *adj*
girlfriend une petite amie *nf*

glass un verre *nm*
glue stick un bâton de colle *nm*
to go aller *v*
to go to bed se coucher *v*
goldfish un poisson rouge *nm*
golf le golf *nm*
goodbye au revoir; salut
gram un gramme *nm*
grandfather le grand-père *nm*
grandmother la grand-mère *nf*
grandparents les grands-parents *nm pl*
Great! Super! Génial!
green vert/verte *adj*
grey gris/grise *adj*
on the ground floor au rez-de-chaussée
guest house, bed and breakfast une chambre d'hôte *nf*
guinea pig le cochon d'Inde *nm*

H

hair les cheveux *nm pl*
half demi/demie *adj*
half-brother le demi-frère *nm*
half-sister la demi-sœur *nf*
ham le jambon *nm*
hamburger un hamburger *nm*
hamster un hamster *nm*
Happy birthday! Bon anniversaire!
harbour le port *nm*
hard difficile *adj*
hard-working travailleur/travailleuse *adj*
he/she/it has il/elle a
to hate détester *v*
to have avoir *v*
I have j'ai …
I don't have je n'ai pas …
they have ils/elles ont
we have (*informal*) on a
we have (*formal*) nous avons
you have (*informal*) tu as
you have (*formal*) vous avez
Have you got any pets (at home)? Tu as un animal (chez toi)?
he il
he is… il est…
Hello Bonjour
helmet un casque *nm*
her son/sa/ses
here is/here are … voici …
Here it is! Voilà!
Hi! Salut!
hiking la randonnée *nf*
his son/sa/ses
history l'histoire *nf*

hobbies les passe-temps *nm pl*
holiday camp une colonie de vacances *nf*
holiday cottage un gîte *nm*
to do homework faire *v* les devoirs
horse(s) le cheval (les chevaux) *nm*
to go horse riding faire *v* de l'équitation
hot chaud/chaude
It is hot. Il fait chaud.
hot chocolate le chocolat chaud *nm*
hour une heure *nf*
house la maison *nf*
How are you? Ça va?
How much? Combien?
How old are you? Tu as quel âge? *(to a friend or relative)*, Vous avez quel âge? *(to more than one person, someone you don't know well)*

I

I je, j'
I am … je suis …
I am (11). J'ai (11) ans.
I can't wait j'ai très hâte
I come from… je viens de…
I don't have… je n'ai pas de…
I don't like… je n'aime pas…
I hate… je déteste…
I have… j'ai…
I like… j'aime…
I live in… (town) j'habite à…
I love… j'adore…
I'd like… je voudrais…
I'm fine. Ça va.
I'm sorry. Je suis désolé/désolée.
ice hockey le hockey sur glace *nm*
ice-skating le patinage *nm*
ice cream la glace *nf*
ICT l'informatique *nf*
in (France) en (France)
in (my bag) dans (mon sac)
in front of devant
in the country à la campagne
in the suburbs en banlieue
in town en ville
intelligent intelligent/intelligente *adj*
interesting intéressant/intéressante *adj*
Internet l'Internet *nm*
Ireland l'Irlande *nf*

cent cinquante-sept

Irish irlandais/irlandaise *adj*
Is there...? Il y a...?
it ça
It's... C'est...
It's a... C'est un/une...
It's (two) o'clock. Il est (deux) heures.
It's five past (two). Il est (deux) heures cinq.
It's five to (two). Il est (deux) heures moins cinq.
It's OK. Bof. Ça va.
It's spelt... Ça s'écrit...

J

jam la confiture *nf*
January janvier
July juillet
June juin

K

karaoke machine une machine à karaoké *nf*
kilo un kilo *nm*
kitchen la cuisine *nf*

L

lamp une lampe *nf*
last weekend le week-end dernier
lazy paresseux/paresseuse *adj*
leg la jambe *nf*
lemon un citron *nm*
lemonade la limonade *nf*
lesson un cours *nm*
less than moins que
library la bibliothèque *nf*
I like... J'aime...
I don't like... Je n'aime pas...
to **listen to music** écouter *v* de la musique
to **live** habiter
living room le salon *nm*
long long/longue *adj*
to **look after children** garder *v* des enfants
to **look at** regarder *v*
lots of beaucoup de
I love... J'adore...
lunch le déjeuner *nm*

M

Madam Madame
to **make** faire *v*
to **make my bed** faire *v* mon lit
March mars
maths les maths *nf pl*
May mai
meal un plat *nm*
Me too. Moi aussi.
to **meet friends** retrouver *v* des amis
memory stick une clé USB *nf*
midday midi
midnight minuit
milk le lait *nm*
milk shake un milk-shake *nm*
mineral water l'eau minérale *nf*
mirror un miroir *nm*
Miss Mademoiselle
to **mix** mélanger *v*
(on) **Monday** (le) lundi
more than plus que
morning le matin *nm*
mother la mère *nf*
mountaineering l'alpinisme *nm*
mouse la souris *nf*
Mr Monsieur
MP3 player/walkman un baladeur (MP3) *nm*
Mrs Madame
museum le musée *nm*
music la musique *nf*
music programme une émission musicale *nf*
my mon/ma/mes
My birthday's on... Mon anniversaire, c'est le...
at **my house** chez moi
My name is... Je m'appelle...

N

name le nom *nm*
the **news** les informations *nf pl*
nice sympa *adj*
nine neuf
nineteen dix-neuf
ninety quatre-vingt-dix
no non
no, thank you non, merci
north le nord *nm*
not me pas moi
November novembre

O

October octobre
of de

OK d'accord
on sur
one un/une
one hundred cent
only child (female) fille unique *nf*
only child (male) fils unique *nm*
opinion l'opinion *nf*
or ou
orange (fruit) une orange *nf*
orange (colour) orange *adj*
orange juice un jus d'orange *nm*

P

packet un paquet *nm*
pancake une crêpe *nf*
pancake restaurant une crêperie *nf*
parents les parents *nm pl*
park le parc *nm*
pâté le pâté *nm*
patient patient/patiente *adj*
PE l'EPS *nm*; le sport *nm*
peas les petits pois *nm pl*
pen un stylo *nm*
pencil un crayon *nm*
pencil case une trousse *nf*
pencil sharpener un taille-crayon *nm*
pepper le poivre *nm*
petrol l'essence *nf*
physics la physique *nf*
pineapple l'ananas *nm*
pink rose *adj*
pizza la pizza *nf*
pizzeria la pizzeria *nf*
plane l'avion *nm*
platform le quai *nm*
player le/la joueur/joueuse *nm/f*
to **play sport** faire *v* du sport
please s'il te plaît *(to a friend or relative)*, s'il vous plaît *(to more than one person, someone you don't know well)*
posh snob
TV **programme** une émission

Q

It's **quarter past (two).** Il est (deux) heures et quart.
It's **quarter to (three).** Il est (trois) heures moins le quart.
quiet calme *adj*
quite assez

158 cent cinquante-huit

R

rabbit un lapin *nm*
railway station la gare SNCF *nf*
It's raining. Il pleut.
RE la religion *nf*
reading la lecture *nf*
reality TV programme une émission de télé réalité *nf*
really vraiment
red rouge *adj*
to go rock climbing faire de l'escalade
rubber une gomme *nf*
rubbish les ordures *nf pl*
rug le tapis *nm*
rugby le rugby *nm*
ruler une règle *nf*

S

to go sailing faire *v* de la voile
salt le sel *nm*
sandwich un sandwich *nm*
(on) Saturday (le) samedi
high school le collège *nm*
science les sciences *nf pl*
scissors les ciseaux *nm pl*
Scotland l'Écosse *nf*
seafood les fruits de mer *nm pl*
on the second floor au deuxième étage
the second (of May) le deux (mai)
See you soon. À bientôt.
see you later à tout à l'heure
selfish égoïste *adj*
sensible sérieux/sérieuse *adj*
September septembre
series une série *nf*
to set the table mettre le couvert *v*
seven sept
seventeen dix-sept
seventy soixante-dix
she elle
she is... elle est...
shelf une étagère *nf*
short (hair) (les cheveux) courts *adj*
shy timide *adj*
Sir Monsieur
sister une sœur *nf*
sitting room le salon *nm*
six six
sixteen seize
sixty soixante
to go skateboarding faire *v* du skate
slice une tranche *nf*
slim mince *adj*
small petit/petite *adj*
snake un serpent *nm*
It's snowing. Il neige.
soap opera un feuilleton *nm*
some des
sometimes quelquefois
soup la soupe *nf*
south le sud *nm*
Spanish l'espagnol *nm*
spectator le/la spectateur/spectatrice *nm/f*
It's spelt... Ça s'écrit...
to do sport faire *v* du sport
sports centre le centre sportif *nm*
sports programme une émission sportive *nf*
sporty sportif/sportive *adj*
spots les boutons *nm pl*
spring le printemps *nm*
to start commencer *v*
(railway) station la gare *nf*
to stay loger *v*
step-brother le demi-frère *nm*
step-father le beau-père *nm*
step-mother la belle-mère *nf*
step-sister la demi-sœur *nf*
It's stormy. Il y a de l'orage.
straight (hair) (les cheveux) raides *adj*
stubborn têtu/têtue *adj*
suburbs la banlieue *nf*
sugar le sucre *nm*
summer l'été *nm*
sun le soleil *nm*
(on) Sunday (le) dimanche
It's sunny. Il y a du soleil.
super super
supermarket le supermarché *nm*
to go surfing faire *v* du surf
to go swimming faire *v* de la natation *nf*
swimming pool la piscine *nf*

T

table tennis le ping-pong *nm*
to take prendre *v*
tall grand/grande *adj*
tea (with milk) le thé (au lait) *nm*
teacher le professeur *nm*
technology la technologie *nf*
teeth les dents *nf pl*
ten dix
tennis le tennis *nm*
terrible affreux/affreuse *adj*
It's terrible. C'est nul.
thank you merci
the le/la/les
there are... il y a...
there aren't any... il n'y a pas de...
there is... il y a...
there isn't any... il n'y a pas de...
they ils/elles
on the third floor au troisième étage
on the third (of May) le trois (mai)
thirteen treize
thirty trente
three trois
(on) Thursday (le) jeudi
ticket un billet *nm*
to tidy ranger *v*
tin une boîte *nf*
tiring fatigant/fatigante *adj*
to à
today aujourd'hui
toilet les toilettes *nf pl*
tomato une tomate *nf*
tortoise une tortue *nf*
tourist office l'office du tourisme *nm*
town la ville *nf*
town centre le centre-ville *nm*
traffic la circulation *nf*
train le train *nm*
true vrai/vraie *adj*
(on) Tuesday (le) mardi
tuna le thon *nm*
TV la télé(vision) *nf*
TV game show un jeu télévisé *nm*
twelve douze
twenty vingt
twenty-one vingt et un
two deux

U

uncle un oncle *nm*
under sous
USB stick une clé USB *nf*

V

very très
village un village *nm*
volleyball le volley-ball *nm*

W

Wales le pays de Galles *nm*
wardrobe une armoire *nf*
war film un film de guerre
to wash se laver *v*
to watch (TV) regarder *v* (la télé)

cent cinquante-neuf

water l'eau *nf*
water-skiing le ski nautique *nm*
we on *(informal)*, nous *(formal)*
weather le temps *nm*
website un site web *nm*
(on) Wednesday (le) mercredi
week la semaine *nf*
well bien
well-built gros/grosse *adj*
Welsh gallois/galloise *adj*
west l'ouest *nm*
western un western *nm*
What...? Qu'est-ce que...?
What about you? Et toi?
What is... like? Comment est...?
What is there...? Qu'est-ce qu'il y a...?
What's your name? Tu t'appelles comment?
When? Quand?
Where? Où?
Where are...? Où sont...?
Where do you live? Tu habites où?
Where is...? Où est...?
Which...? Quel...?/Quelle...?
white blanc/blanche *adj*
whiteboard un tableau blanc *nm*
Who? Qui?
Why? Pourquoi?
window une fenêtre *nf*
to go **windsurfing** faire *v* de la planche à voile
It's **windy** Il y a du vent.
winter l'hiver *nm*
worse pire *adv*
the **worst** le/la pire *m/f*
I **would like...** Je voudrais...

Y

yellow jaune *adj*
yes oui
yesterday hier
you tu *(to a friend or relative)*, vous *(to more than one person, someone you don't know well)*
you are... tu es..., vous êtes...
your ton/ta/tes, votre/vos
at **your house** chez toi
youth club le club des jeunes *nm*
youth hostel une auberge de jeunesse (AJ) *nf*

160 cent soixante